ENGLISH | G

access

6

VOKABELTASCHENBUCH

Vokabel
Trainer
Cornelsen

Vokabeltrainer-App

Verfügbar für: iOS, Android und Windows Phone

W0313439

Cornelsen

Hier siehst du, wie das **Vocabulary** aufgebaut ist:

Diese Zahl gibt die **Seite** an, auf der die Wörter zum ersten Mal vorkommen.
pp. 10/11 = Seiten 10 und 11

Die **Lautschrift** zeigt dir, wie ein Wort ausgesprochen wird.
Eine Übersicht über alle **Lautschriftzeichen** findest du auf S. 61.

pp. 10/11	**in their (late) teens**	im (späten) Teenageralter	
	curly ['kɜːli]	lockig	She has **curly** hair.
	curl [kɜːl]	Locke	**curls**
	unlike [ˌʌn'laɪk]	im Gegensatz zu	I'm not a good swimmer, ~ my sister. She swims like a fish. **like** ◄► **unlike**

Eingerückte Wörter lernst du am besten zusammen mit dem vorausgehenden Wort, weil die beiden zusammengehören.

Part A

p. 12	**poet** ['pəʊɪt]	Dichter/in, Poet/in	! stress: **poet** ['
p. 13	(to) **make** sb. **do** sth.	jn. dazu bringen, etwas zu tun; jn. veranlassen, etwas zu tun	Sad films alwa

Die Tilde in den Beispielsätzen steht für das neue Wort.
unlike –
I'm not a good swimmer, ~ my sister.
(= …, **unlike** my sister.)

(to) make sb. do sth. – (to) let sb. do sth.

(to) **make** sb. do sth. = jn. dazu bringen/jn. veranlassen, etwas zu tun — Mum triec

(to) **let** sb. do sth. = jn. etwas tun lassen; jm. erlauben, etwas zu tun; zulassen, dass jemand etwas tut — Our teach

Das **rote Ausrufezeichen** bedeutet:
Vorsicht, hier macht man leicht Fehler!

yet [jet]	trotzdem, dennoch	

yet

1. Have you packed your bags **yet**? — **schon**
   – No, I haven't. I **haven't** decided what to take with me **yet**. — **noch nicht**
2. We live in the country and **yet** we are quite close to the city. — **trotzdem, dennoch**

p. 16	**weak** [wiːk]	schwach	**weak** ◄► **strong**

Diese **Kästen** solltest du dir immer besonders gut ansehen: Hier sind Vokabeln zu einem bestimmten Thema zusammengestellt. Oder du erfährst mehr über ein Wort und wie es verwendet wird.

Dies ist das *„opposite"*-Zeichen („Gegenteil"-Zeichen): **weak** und **strong** sind *opposites*.

Im **Vocabulary** werden folgende **Abkürzungen** verwendet:

p. = page • pp. = pages

sth. = something • sb. = somebody

jn. = jemanden • jm. = jemandem

pl = plural • *adj = adjective* • *adv = adverb* • *conj = conjunction* • *prep = preposition*

BE = British English • *AE = American English*

infml = informal (umgangssprachlich) • *fml = formal* (formell, förmlich)

Ⓕ = *verwandtes Wort im Französischen* • Ⓛ = *verwandtes Wort im Lateinischen*

- Eine Liste der **unregelmäßigen Verben** steht auf den Seiten 62–67.
- Auf den Seiten 68–69 findest du eine Übersicht über **Arbeitsanweisungen**, die oft in Tests und Klassenarbeiten verwendet werden („**Operatoren**").

Unit 1 Who are you?

pp. 10/11

in their (late) teens	im (späten) Teenageralter	
dreadlocks *(pl)* ['dredlɒks]	Rasta-Locken	**dreadlocks** 
curly ['kɜːli]	lockig	She has **curly** hair. 
curl [kɜːl]	Locke	**curls**
kinky ['kɪŋki] *(AE)*	kraus, gekräuselt *(Haare)*	She has **kinky** hair. 
(to) **be dressed** [drest]	angezogen sein	(to) **be dressed** angezogen sein (to) **get dressed** sich anziehen
casually ['kæʒuəli]	leger, lässig *(gekleidet)*	 **casually** dressed  **formally** dressed
blazer ['bleɪzə]	Sakko, Blazer *(sportliches Jackett)*	
denim ['denɪm]	Jeansstoff	
paint [peɪnt]	Farbe, Lack	verb: (to) **paint** – noun: **paint** Ⓕ la peinture

headscarf, *pl* **headscarves** ['hedskɑːf, 'hedskɑːvz]	Kopftuch	
tie [taɪ]	Krawatte, Schlips	
unlike [ˌʌn'laɪk]	im Gegensatz zu	I'm not a good swimmer, ~ my sister. She swims like a fish. **like ◄► unlike**
mysterious [mɪ'stɪəriəs]	mysteriös, geheimnisvoll	**!** stress: **mysterious** [mɪ'stɪəriəs] (F) mystérieux, se (L) mysterium
patriotic [ˌpeɪtri'ɒtɪk]	patriotisch, vaterlandsliebend	(F) patriotique (L) patria *(Vaterland, Heimat)*
hairstyle ['heəstaɪl]	Frisur	
(to) **suggest** sth. [sə'dʒest]	auf etwas hindeuten, etwas nahelegen	New research **~s** that students learn better if they are in a good mood. **!** (to) **suggest** sth. = **1.** etwas vorschlagen; **2.** auf etwas hindeuten, etwas nahelegen
thoughtful ['θɔːtfl]	nachdenklich	He looked ~ for a moment, and then began to explain.
conservative [kən'sɜːvətɪv]	konservativ; Konservative(r)	**!** stress: **conservative** [kən'sɜːvətɪv] (L) conservare *(bewahren)*

original [ə'rɪdʒənl]	originell	! **original** = **1.** Original-, ursprüngliche(r, s); **2.** originell (F) original, e (L) origo, inis *f (Ursprung)*
(to) **prefer** sb. **to do** sth. [prɪ'fɜː]	(es) vorziehen, wenn jd. etwas täte/tun würde	*English:* **I'd prefer you to pay cash**. (L) praeferre *German:* Ich **würde es vorziehen, wenn Sie bar bezahlen würden**.

Part A

p. 12 **poet** ['pəʊɪt]	Dichter/in, Poet/in	! stress: **poet** ['pəʊɪt] (F) le poète, la poétesse (L) poeta *m*
(to) **picture** sb./sth. ['pɪktʃə]	sich jn./etwas vorstellen	Her photo surprised me – I had **~d** her as much older.
routine [ruː'tiːn]	Routine	(F) la routine
desire [dɪ'zaɪə]	Wunsch, Verlangen	After reading Robinson Crusoe, he felt a strong ~ to explore the world. (F) le désir (L) desiderium
painfully ['peɪnfəli]	furchtbar, äußerst, schmerzlich	~ slow/hard/clear/… This new software is ~ slow.
pain [peɪn]	Schmerz(en)	noun: **pain** Schmerz(en) adj: **painful** schmerzhaft, qualvoll adv: **painfully** furchtbar, äußerst, schmerzlich
(to) **cope** [kəʊp]	zurechtkommen, klarkommen	It's a bit of a problem, but don't worry – we'll ~.
alarm [ə'lɑːm] (*kurz für:* **alarm clock**)	Wecker	

	(to) **wink (at** sb.**)** [wɪŋk]	(jm. zu)zwinkern	My face turned red when I noticed he was **~ing at** me.
	headphones *(pl)* ['hedfəʊnz]	Kopfhörer	*English:* a **pair of headphones** *German:* ein **Kopfhörer**
	(to) **ignore** [ɪg'nɔː]	ignorieren, nicht beachten	She completely **~d** me. It was as if I wasn't there. (L) ignorare
	hood [hʊd]	Kapuze	
p. 13	**instructor** [ɪn'strʌktə]	Lehrer/in, Ausbilder/in	(F) l'instructeur *(m)* (L) instruere *(ausrüsten; unterrichten)*
	simple ['sɪmpl]	einfach, unkompliziert	Anyone can make this cake – it's a really ~ recipe. (L) simplex
	branch [brɑːntʃ]	Ast, Zweig; Zweigstelle, Filiale	After the storm, the road was covered with fallen **~es**. As more and more people bank online, banks have closed **~es** all over the country.
	record ['rekɔːd]	Schallplatte	(L) recordari *(sich erinnern)*
	(to) **make** sb. **do** sth.	jn. dazu bringen, etwas zu tun; jn. veranlassen, etwas zu tun	Sad films always ~ **me cry**.

(to) make sb. do sth. – (to) let sb. do sth.

(to) **make sb. do sth.** = jn. dazu bringen/jn. veranlassen, etwas zu tun	Mum tried to **make me talk** about my feelings.
(to) **let sb. do sth.** = jn. etwas tun lassen; jm. erlauben, etwas zu tun; zulassen, dass jemand etwas tut	Our teacher **lets us talk** to our neighbours in class.

yet [jet]	trotzdem, dennoch	

yet

1. Have you packed your bags **yet**? — **schon**
   – No, I haven't. I have**n't** decided what to take with me **yet**. — **noch nicht**
2. We live in the country and **yet** we are quite close to the city. — **trotzdem, dennoch**

nor do I want to … [nɔː]	und ich will auch nicht …	Jack doesn't want to sit next to me, ~ **do I want to** sit next to him.

English "nor" – German "auch nicht"

She doesn't like pop music, and nor do I. (… ich auch nicht.) Vergleiche: **Sue likes jazz, and so do I.** (… ich auch.)

Mit nor **+ Hilfsverb + (Pro-)Nomen** kann man zum Ausdruck bringen, dass etwas **auch nicht** für jemand anders gilt. Weitere Beispiele:

John **isn't** interested in jazz.	Nor **is** Joanna.	He **hasn't been** abroad.	Nor **has** Joanna.
He **can't** dance very well.	Nor **can** Joanna.	He **didn't** leave school last year.	Nor **did** Joanna.
He **hasn't got** a CD player.	Nor **has** Joanna.	He **wouldn't want** to live in Spain.	Nor **would** Joanna.
He **doesn't** earn a lot of money.	Nor **does** Joanna.		

Mit not … either kann man dasselbe ausdrücken: John **isn't** interested in jazz. – Joanna **isn't either**
He **can't** dance very well. – Joanna **can't either**. usw.

somewhat *(adv)* ['sʌmwɒt]	etwas, ein wenig	He felt ~ uncomfortable wearing a suit.

p. 14	**identity** [aɪ'dentəti]	Identität	! stress: **identity** [aɪ'dentəti] (F) l'identité *(f)* (L) idem *(derselbe)*
	perspective [pə'spektɪv]	Perspektive, Blickwinkel	! stress: **perspective** [pə'spektɪv] (F) la perspective (L) perspicere
	circa (c) ['sɜːkə]	zirka (ca.)	I'm not sure of the exact year, but it was ~ 2007. (L) circa
	obvious ['ɒbviəs]	offensichtlich; naheliegend	His eyes were red. It was ~ that he had been crying. She loves the sea, so joining the navy seemed like the ~ thing to do. (L) obvius, a, um *(begegnend, entgegenkommend)*
	(to) **appeal to** sb. [ə'piːl]	jn. ansprechen *(jemandes Verstand, Gefühl)*	I know you like jazz, but it doesn't ~ **to** everyone. (L) appellare
	(to) **reflect** [rɪ'flekt]	reflektieren, (wider)spiegeln	A poem can ~ emotions like a mirror **~s** images. (F) refléter
p. 15	**imagery** ['ɪmɪdʒəri]	bildhafte Sprache; Sprachbilder	(L) imago, inis *f*
	type (of) [taɪp]	Art, Sorte, Typ (von)	
	simile ['sɪməli]	Vergleich	**Similes** compare things, usually with *as* or *like*: *She was as white as a ghost.* (L) simile, is *n*
	metaphor ['metəfɔː]	Metapher	**Metaphors** compare things without *as* or *like*: *He had eyes of fire.* ! stress: **metaphor** ['metəfɔː] (F) la métaphore (L) metaphora

device [dɪ'vaɪs]	Mittel; Gerät, Apparat	Similes and metaphors are **stylistic ~s**. (Stilmittel) A thermometer is a ~ that tells you the temperature.
gentle ['dʒentl]	sanft(mütig)	The dog looks dangerous, but he's really very ~.
dove [dʌv]	Taube	! • pronunciation: **dove** [dʌv] • There is no biological difference between **doves** and **pigeons**. However, when people hear the word **pigeon** they picture the grey bird found everywhere in cities. When they hear the word **dove** they picture the white bird that is often used as a symbol of peace.
(to) **be considered** sth. [kən'sɪdəd]	als etwas betrachtet werden; für etwas gehalten werden	They**'re** ~ (to be) one of the best new bands around.
(to) **consider** [kən'sɪdə]	etwas bedenken, berücksichtigen; sich mit etwas befassen	Before you start, ~ the following questions: … (L) considerare *(überlegen)*
hawk [hɔːk]	Habicht; *(im übertragenen Sinn:)* Falke	 a **hawk**  an **owl**
owl [aʊl]	Eule	
p. 16 **space** [speɪs]	Weltraum	
(to) **influence** ['ɪnfluəns]	beeinflussen	Even today, the Beatles still ~ musicians all over the world.

(to) **value** sth. ['vælju:]	etwas schätzen, wertschätzen; auf etwas Wert legen	Use a light when cycling at night if you ~ your life. verb: (to) **value** – noun: **value**
athletic [æθ'letɪk]	athletisch, sportlich	! stress: noun: **athlete** ['æθli:t] – adj: **athletic** [æθ'letɪk]
gay [geɪ]	schwul, lesbisch	
straight [streɪt]	hetero	
aggressive [ə'gresɪv]	aggressiv	! stress: **aggressive** [ə'gresɪv]
ambitious [æm'bɪʃəs]	ehrgeizig	He's an ~ guy who is determined to achieve something in life.
reliable [rɪ'laɪəbl]	zuverlässig, verlässlich	She's a very ~ person. If she says she'll do it, then she'll really do it.
musical ['mju:zɪkl]	musikalisch	! **musical** = **1.** *(noun)* Musical; **2.** *(adj)* musikalisch
passionate ['pæʃənət]	leidenschaftlich	noun: **passion** – adj: **passionate**
conventional [kən'venʃənl]	konventionell	! stress: **conventional** [kən'venʃənl]
liberal ['lɪbərəl]	liberal	! stress: **liberal** ['lɪbərəl]
African-American [ˌæfrɪkən‿ə'merɪkən]	Afroamerikaner/in; afroamerikanisch	
upbringing ['ʌpbrɪŋɪŋ]	Erziehung	My ~ has influenced the way I view the world.
dialect ['daɪəlekt]	Dialekt	! stress: **dialect** ['daɪəlekt]

particularly [pəˈtɪkjələli]	besonders; vor allem	She loves history. She's ~ interested in Roman Britain. I'm ~ looking forward to seeing John again.

Intensifying adverbs [ɪnˈtensɪfaɪɪŋ] **(Verstärkende Adverbien)**

absolutely thrilled	völlig begeistert	**particularly** beautiful	besonders schön
completely normal	völlig normal, ganz normal	**terribly** tired	schrecklich müde
especially helpful	besonders hilfreich	**totally** wrong	völlig falsch
extremely hot	äußerst heiß	**very** confused	sehr verwirrt

	(to) **modify** [ˈmɒdɪfaɪ]	näher bestimmen	You can use adverbs to ~ adjectives.
	weak [wiːk]	schwach	**weak ◄► strong**
	search engine [ˈsɜːtʃ‿ˌendʒɪn]	(Internet-)Suchmaschine	
p. 17	**basic** [ˈbeɪsɪk]	elementar, Grund-	The ~ idea is quite simple really.
	(to) **format** [ˈfɔːmæt]	formatieren *(Text am Computer)*	! stress: **<u>for</u>mat** [ˈfɔːmæt]
	visual [ˈvɪʒuəl]	optisch, visuell	! stress: **<u>vi</u>sual** [ˈvɪʒuəl] (F) visuel, le adj: **visual** – adv: **visually** (L) videre *(sehen)*
	proper [ˈprɒpə]	richtige(r, s), angemessene(r, s), ordentliche(r, s)	It's important to have a ~ breakfast, not just a cup of tea or coffee.
	margin [ˈmɑːdʒɪn]	Rand	You can write any comments in the ~ on the right. (F) la marge (L) margo, inis *m/f*
	(to) **indent** [ɪnˈdent]	*(eine Zeile)* einrücken	
	in relation to [rɪˈleɪʃn]	im Verhältnis zu	I think my ears are too big **in ~ to** my head. ! stress: **re<u>la</u>tion** [rɪˈleɪʃn]

	font [fɒnt]	Schrift(art)	Arial, *Corsetta* and **STENCIL** are different **~s**.
	italics [ɪ'tælɪks]	Kursivschrift	I usually print book or song titles in *italics*.
	bold (type) [bəʊld]	Fettdruck	And if a word is really important, I print it in **bold**.
	clarity ['klærəti]	Klarheit	adj: **clear** – noun: **clarity** (L) claritas, atis *f*
	untidy [ʌn'taɪdi]	unordentlich, unsauber	**tidy ◄► untidy**
	legible ['ledʒəbl]	lesbar, leserlich	**legible ◄► illegible** (unleserlich) (L) legere *(lesen)*
	pt *(Abkürzung für* **point**)	Punkt *(Maßeinheit f. Schriftgrad, Zeilenabstände u.Ä.)*	
	function ['fʌŋkʃn]	Funktion	Can you explain the ~ of the Bundesrat to me?
	(to) **type** [taɪp]	tippen, Maschine schreiben	It's time I learned to ~ with ten fingers.

Part B

p. 18	**gender** ['dʒendə]	Geschlecht *(als soziales Merkmal)*	There are ~ differences, of course, but men and women should still be equal. (L) genus, eris *n (Geschlecht)*
	opinion piece [ə'pɪnjən piːs]	Stellungnahme, Meinungsartikel	an article in which the writer expresses a personal opinion (L) opinio, onis *f (Meinung)*
	(to) **recognize** ['rekəgnaɪz]	anerkennen	You need to ~ the fact that the world is changing. ! (to) **recognize** = **1.** erkennen; **2.** anerkennen

(to) **make** sth. **up**	etwas bilden	Girls ~ **up** 58 percent of the students at our school. This book is **made up** of three units.
nonexistent [ˌnɒnɪɡˈzɪstənt] (*BE meist:* **non-existent**)	nicht vorhanden, nicht existierend	**existent ◄► non-existent**
(to) **exist** [ɪɡˈzɪst]	existieren	Some people believe that life **~s** on Mars. (L) existere
(to) **differ** [ˈdɪfə]	sich unterscheiden, verschieden sein	verb: (to) **differ** – adj: **different** – noun: **difference** (L) differre
biologically [ˌbaɪəˈlɒdʒɪkli]	biologisch	noun: **biology** – adj: **biological** – adv: **biologically**
when it comes to …	was … betrifft/anbelangt, …	I understand a lot of grammar, but I'm not so good **when it ~ to** everyday conversation.
representation [ˌreprɪzenˈteɪʃn]	Vertretung, Repräsentanz	! verb: (to) **repre<u>sent</u>** [ˌreprɪˈzent] It's an honour to ~ your country in the Olympic Games. (vertreten, repräsentieren) noun: **represen<u>ta</u>tion** [ˌreprɪzenˈteɪʃn] We want to improve the ~ of minorities in parliament. (Vertretung, Repräsentanz)
(to) **have** sb. **do** sth.	jn. etwas tun lassen; veranlassen, dass jemand etwas tut	

(to) have sb. do sth. – (to) have sth. done

(to) **have <u>sb.</u> do sth.** = jn. etwas tun lassen; veranlassen, dass jemand etwas tut

We **had** <u>a friend</u> **check** our car.
Wir haben einen Freund unser Auto checken lassen.

(to) **have <u>sth.</u> done** = etwas machen/erledigen lassen

We **had** <u>our car</u> **checked** last Friday.
Wir haben letzten Freitag unser Auto checken lassen.

recently ['riːsntli]	kürzlich, vor Kurzem; in letzter Zeit	(F) récemment (L) recens *(adv)*

recent *(adj)* – **recently** *(adv)*

Recent research shows that …	**Jüngste Forschungen** zeigen, dass …
In the light of **recent events** it has been decided …	Im Licht der **aktuellen Ereignisse** wurde entschieden, …
I've done a lot of sport **in recent weeks**.	**In den letzten Wochen** habe ich viel Sport gemacht.
I talked to them just **recently**.	Ich habe erst **vor Kurzem** mit ihnen gesprochen.
There've been a lot of accidents in our street **recently**.	Es hat **in letzter Zeit** viele Unfälle … gegeben

(to) **show up** *(infml)*	auftauchen, erscheinen	He said he'd come and help us, but he didn't ~ **up**.
counselor ['kaʊnsələ] (*BE:* **counsellor**)	Berater/in; Betreuer/in	If you need advice you can make an appointment with a ~. (L) consilium *(Rat, Vorschlag)*
ridiculous [rɪ'dɪkjələs]	lächerlich	What a silly hat! It makes you look ~. (F) ridicule (L) ridiculosus
contribution [ˌkɒntrɪ'bjuːʃn]	Beitrag	(F) la contribution (L) contribure *(beitragen)*
entire [ɪn'taɪə]	ganze(r, s)	the ~ world = the whole world (F) entier, entière
after all [ˌɑːftər‿'ɔːl]	(schließlich) doch	I knew him very well. **After** ~, we've been friends for more than ten years.

constantly ['kɒnstəntli]	ständig, dauernd	! stress: **constant(ly)** ['kɒnstənt(li)] • adj: **constant** – the **constant** noise of cars • adv: **constantly** – **constantly** changing prices (F) constamment (L) constanter *(adv)*
(to) **eliminate** [ɪ'lɪmɪneɪt]	abschaffen, beseitigen, eliminieren	Do you think we will ever be able to ~ disease? (F) éliminer
in the meantime ['miːntaɪm]	in der Zwischenzeit; inzwischen	The food is in the oven. **In the ~**, we could wash the dishes. Have you repaired your bike **in the ~**?
importance [ɪm'pɔːtəns]	Wichtigkeit, Bedeutung	These photos are of great ~ to me. adj: **important** – noun: **importance** (F) important, e – l'importance *(f)*
p. 19 **focus** ['fəʊkəs]	Mittelpunkt, Schwerpunkt	The ~ of tomorrow's lesson will be grammar. The author in ~ in today's programme is Paul Auster.
(to) **examine** [ɪg'zæmɪn]	untersuchen	I had a pain in my stomach, so the doctor **~d** me. (F) examiner (L) examinare
(to) **receive** [rɪ'siːv]	erhalten, empfangen	a more formal word for **get** (F) recevoir **receive a letter ◄► send a letter** (L) recipere
headline ['hedlaɪn]	Schlagzeile, Überschrift	

attention [ə'tenʃn]	Aufmerksamkeit	(F) l'attention *(f)* (L) attentus, a, um *(aufmerksam)*

attention

(to) **attract/catch/grab sb.'s attention**	It was his smile that first **attracted my attention.** He shouted to **grab/catch her attention.**	jemandes Aufmerksamkeit erregen; jemandes Aufmerksamkeit gewinnen
(to) **draw attention to** sth.	How can we **draw attention to** those issues? May I **draw your attention to** a few mistakes?	auf etwas aufmerksam machen; die Aufmerksamkeit auf etwas lenken
(to) **pay attention (to)**	Stop talking now and **pay attention**. You never **pay attention to** what I'm saying.	aufmerksam sein, aufpassen, zuhören, Beachtung schenken

provocative [prə'vɒkətɪv]	provozierend, provokativ	! stress: **pro<u>vo</u>cative** [prə'vɒkətɪv] (F) provocant,e
solution (to) [sə'luːʃn]	Lösung (für) *(Problem; Aufgabe)*	*English:* **the solution to** this problem *German:* **die Lösung für** dieses Problem ✓ **die** Lösung dieses Problems (F) la solution (L) solvere *(lösen)*
(to) **back** sth. **up**	etwas untermauern *(Argument)*	Have you got any facts to ~ **up** this statement?
(to) **restate** sth. [ˌriː'steɪt]	etwas wiederholen, etwas noch einmal formulieren	I would like to ~ my support for this suggestion.
(to) **call for** sth.	etwas verlangen, etwas fordern; zu etwas auffordern	Many people are **~ing for** a change in the law.
sex [seks]	Geschlecht	What ~ is their new baby? (F) le sexe

	marriage ['mærɪdʒ]	Ehe; Heirat	verb: (to) **marry** – adj: **married** – noun: **marriage** (F) le mariage
p. 20	**paragraph break** ['pærəgrɑːf breɪk]	Absatzumbruch	
	general ['dʒenrəl]	allgemeine(r, s)	(F) général, e
	pay [peɪ]	Bezahlung, Lohn	verb: (to) **pay (for)** – noun: **pay**
	workplace ['wɜːkpleɪs]	Arbeitsplatz	
	(to) **discriminate against** sb. [dɪ'skrɪmɪneɪt]	jn. diskriminieren, jn. benachteiligen	*English:* (to) **discriminate against sb.** *German:* **jn. diskriminieren** *English:* (to) **discriminate on pay** *German:* **beim Lohn diskriminieren** (F) discriminer (L) discriminare *(unterscheiden)*
	sadly ['sædli]	leider, bedauerlicherweise	**Sadly**, I never knew my grandmother. adj: **sad** (traurig) – adv: **sadly**
	(to) **take time off**	sich frei nehmen	We **took ~ off** and went to Devon for a few days.
	(to) **raise your voice** [reɪz]	seine Stimme erheben	
	fine [faɪn]	Geldstrafe	My mother got a ~ for driving through a red light.
	(to) **take** sth./sb. **seriously** ['sɪəriəsli]	etwas/jn. ernst nehmen	You should fly less if you ~ climate change **seriously**. ! *not:* … take climate change ~~serious~~)
	unequal [ʌn'iːkwəl]	ungleich	**equal ◄► unequal**
p. 21	**persuasion** [pə'sweɪʒn]	Überredung, Überzeugung	(F) la persuasion

(to) **persuade** [pə'sweɪd]	überreden	I didn't want to go at first, but Paul **~d** me that it would be fun. (F) persuader (L) persuadere
anecdote ['ænɪkdəʊt]	Anekdote	! stress: **anecdote** ['ænɪkdəʊt] (F) 'anecdote *(f)*
factual ['fæktʃʊəl]	sachlich; faktisch; den Tatsachen entsprechend	You need more ~ information to back up your argument.
expressive [ɪk'spresɪv]	ausdrucksstark, aussagekräftig	The book is written in a very ~ style. (L) expressus, a, um *(anschaulich)*
rhetorical [rɪ'tɒrɪkl]	rhetorisch	When someone asks a ~ question, they usually want to stress a point, not get an answer. (F) rhétorique (L) rhetoricus, a, um
(to) **deny** [dɪ'naɪ]	bestreiten, abstreiten; leugnen	He **denied** stealing the money. *or:* He **denied** that he had stolen the money.
emphatic [ɪm'fætɪk]	nachdrücklich, eindringlich, emphatisch	She answered with an ~ "yes" when we invited her to be on the team.

Part C

p. 22	**beyond ...** [bɪ'jɒnd]	über ... hinaus	I can tell you his name, but ~ that I don't know much about him.
	cell [sel]	Zelle	blood **cells** 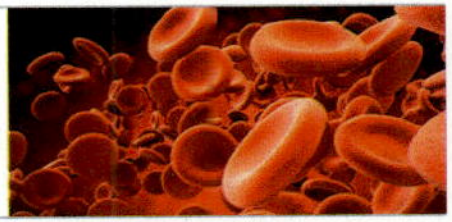

genetics [dʒə'netɪks]	Genetik	Ⓕ la génétique Ⓛ genus, eris *n (Abstammung)*
gene [dʒiːn]	Gen	
genetic [dʒə'netɪk]	genetisch	
individual [ˌɪndɪ'vɪdʒuəl]	Individuum, Einzelperson; einzelne(r, s), individuelle(r, s)	! stress: **indi<u>vi</u>dual** [ˌɪndɪ'vɪdʒuəl]
human race [ˌhjuːmən 'reɪs]	Menschheit, menschliche Rasse	Ⓛ humanus, i *m*
technology [tek'nɒlədʒi]	Technik, Technologie	! stress: **tech<u>no</u>logy** [tek'nɒlədʒi] Ⓕ la technologie
ancient ['eɪnʃənt]	(ur)alt; antik	Look at this coin I found in the garden! I must be ~. Ⓕ ancien, ne
(to) **rust** [rʌst]	rosten, verrosten	The old pipe has **rusted** through. 
(to) **erode** [ɪ'rəʊd]	abtragen, erodieren, auswaschen *(Boden)*	The cliff has been **~d** by the sea and could collapse.
(to) **reduce (to)** [rɪ'djuːs]	reduzieren (auf)	Oh look, they have **reduced** the price. Ⓕ réduire 

earthquake ['ɜːθkweɪk]	Erdbeben	destroyed by an **earthquake** 
species ['spiːʃiːz], *pl* **species**	Art, Spezies	(L) species, ei *f*
record ['rekɔːd]	Aufzeichnung(en)	! noun: **record** ['rekɔːd] 1. Schallplatte; 2. Rekord; 3. Aufzeichnung(en) verb: (to) **record** [rɪ'kɔːd] aufzeichnen *(Musik, Daten)*; dokumentieren *(Daten)* (L) recordari *(sich erinnern)*
(to) **be around** [ə'raʊnd]	da sein, dabei sein; in der Nähe sein	A friend is someone who **is** always ~ when you need them.
skeleton ['skelɪtn]	Skelett	a **skeleton** 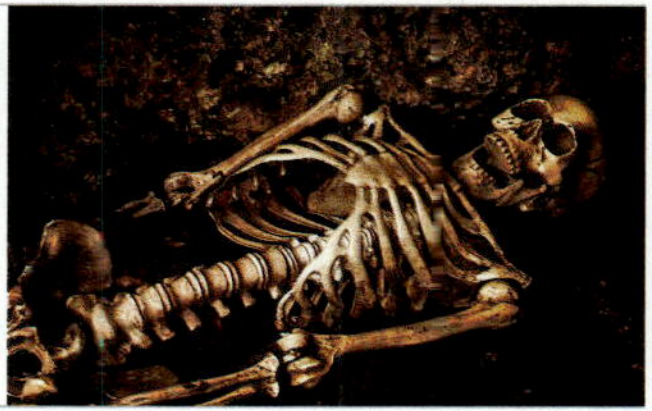
astonishment [ə'stɒnɪʃmənt]	Erstaunen	adj: **astonished** [ə'stɒnɪʃt] (erstaunt) – noun: **astonishment**

	excitement [ɪk'saɪtmənt]	Aufregung, Begeisterung	adj: **excited; exciting** – noun: **excitement** (L) excitare *(begeistern)*
	the ups and downs	die Höhen und Tiefen	You have to learn to live with the ~ **and downs** of life.
	comprehension [ˌkɒmprɪ'henʃn]	Verständnis	To check your ~ you can answer these questions. (F) la compréhension (L) comprehendere *(verstehen)*
p. 23	**power line** ['paʊə laɪn]	Überlandleitung	**power lines** 
	repair [rɪ'peə]	Reparatur	verb: (to) **repair** – noun: **repair** (L) reparare *(erneuern)*
	high winds *(pl)*	starker Wind, starke Winde	
	(to) **complete** [kəm'pliːt]	abschließen, vollenden; vervollständigen	verb: (to) **complete** – adj: **complete** – adv: **completely** (L) complere
p. 24	**yard** [jɑːd] *(AE)*	Garten	
p. 25	**applause** [ə'plɔːz]	Beifall, Applaus	The audience burst into wild/warm/loud/ spontaneous ~. There was only a little polite ~ from the audience. (F) les applaudissements *(m; pl)* (L) applaudere *(Beifall klatschen)*

climax ['klaɪmæks]	Höhepunkt	The ~ of the show was Adele's performance of her latest hit.
single ['sɪŋgl]	einzige(r, s)	There was not a ~ biscuit left. ! **single** = **1.** einzige(r, s); **2.** ledig, alleinstehend (L) singulus, a, um
advertisement [əd'vɜːtɪsmənt] (*in BE auch kurz:* **advert**)	Werbespot, Werbung; Anzeige, Inserat	

Unit 2 What makes a community?

pp. 30/31	**pay rise** ['peɪ raɪz]	Lohnerhöhung, Gehaltserhöhung	
	(to) **rise** [raɪz], **rose** [rəʊz], **risen** ['rɪzən]	(an-, auf)steigen	Prices for food haven't **risen** much lately. Clouds of smoke **rose** from the building.
	(to) **define** [dɪ'faɪn]	definieren; charakterisieren, ausmachen	How would you ~ "tolerance"? Liberty, democracy and equal rights ~ us as a society. (F) définir (L) definire

Part A

p. 32	**meeting** ['miːtɪŋ]	Treffen; Besprechung, Versammlung	verb: (to) **meet** – noun: **meeting**

jungle ['dʒʌŋgl]	Dschungel	(F) la jungle
the locals *(pl)* ['ləʊklz]	die Einheimischen	(L) locus *(Ort, Platz)*
villager ['vɪlɪdʒə]	Dorfbewohner/in	(L) villa *(Landhaus)*
(to) **observe** [əb'zɜːv] *(fml)*	beobachten	The patient should stay in hospital and be **~d** for a week. (F) observer (L) observare
(to) **affect** [ə'fekt]	betreffen, sich auswirken auf; beeinflussen	Climate change will ~ all of us. (L) afficere (= Climate change will have an effect on all of us.)
behaviour [bɪ'heɪvjə] (*AE*: **behavior**)	Verhalten; Benehmen	The whole class was affected by the twins' strange ~. verb: (to) **behave** – noun: **behavio(u)r**
drunk [drʌŋk]	betrunken	If you drink too much beer, you'll get ~.
relative ['relətɪv]	Verwandte(r)	aunts, uncles, cousins and other **~s**
therefore ['ðeəfɔː]	daher, deshalb	The village is remote and is ~ difficult to reach.
(to) **infect** [ɪn'fekt]	infizieren; anstecken	verb: (to) **infect** – adj: **infected** (infiziert; entzündet) (L) inficere *(vergiften)*
cream [kriːm]	Creme; Salbe	

liquid ['lɪkwɪd]	Flüssigkeit	 ed **liquid** (F) le liquide (L) liquidum
(to) **stroll** [strəʊl]	schlendern, bummeln	My parents love **~ing** through England's old villages and market towns.
manners *(pl)* ['mænəz]	Manieren	Don't forget your ~. Take your feet off the seat.
no matter if/whether; **no matter** what/who/how/… ['mætə]	ganz gleich, ob; ganz gleich, was/wer/wie/…	The boss often bursts into my office, **no ~ whether** I'm busy or on the phone or anything. I don't want to see him again, **no ~ how** often he tells me he loves me.
(to) **happen to do** sth. ['hæpn]	zufällig(erweise) etwas tun	Do you **~ to** know the way to the post office? I met my class teacher last week. She **~ed to** be in Paris at the same time as me.
on purpose ['pɜːpəs]	absichtlich, mit Absicht	I think Dad lost our last chess match **on ~**
(to) **teach** sb. **a lesson**	jm. eine Lektion erteilen	I made a mistake, but it **taught me an** important ~.
(to) **trade** [treɪd]	(ein)tauschen; Handel treiben	He **~d** his sweets for a toy car. Germany **~s** a lot with China. verb: (to) **trade** – noun: **trade** (L) tradere (übergeben)

bullet ['bʊlɪt]	(Gewehr-)Kugel	**bullets** 
p. 33 **appropriate** [ə'prəʊpriət]	angemessen, passend	It's important to wear ~ clothes for a job interview.
greeting ['gri:tɪŋ]	Begrüßung	noun: **greeting** – verb: (to) **greet** (begrüßen) When we arrived, we were **~ed** by the head teacher.
(to) **respond** [rɪ'spɒnd]	antworten, erwidern; reagieren	I said hi, but she didn't ~. (= she didn't answer) He **~s** very quickly if you need help. (= he reacts) (F) répondre (L) respondere
post [pəʊst]	Pfosten	a **fence post** 
turtle ['tɜ:tl]	Wasserschildkröte	! **turtle** = Wasserschildkröte **tortoise** = Landschildkröte (In den USA wird **turtle** umgangssprachlich für alle Arten von Schildkröten verwendet.)
the other day	neulich	I met my old class teacher **the ~ day**.
sense [sens]	Vernunft, Verstand	Why did you do that? Don't you have any ~ at all? (L) sensus

pole [pəʊl]	Stange, Pfahl, Mast	 **flagpole** (Flaggenmast, Fahnenmast)  **tent poles** (Zeltstangen) 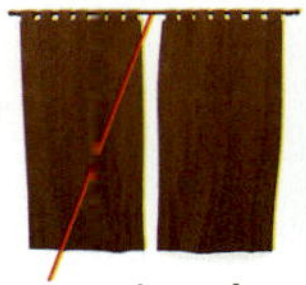 **curtain pole** (Gardinenstange) 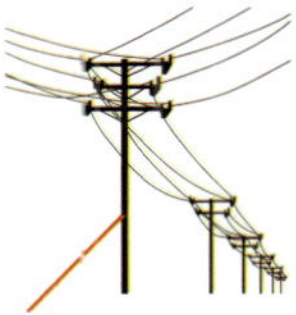 **telegraph pole** (Telegrafenmast)  **totem pole** (Totempfahl)  **ski poles** (Skistöcke)
(to) **come to an understanding**	sich einigen; zu einer Übereinkunft kommen	They **came to an** ~ that she would work and he would stay at home.
stingy ['stɪndʒi] *(infml)*	knauserig, geizig	**generous** ◄► **stingy**
sandal ['sændl]	Sandale	(F) la sandale (L) sandalium
high heels *(pl)* [ˌhaɪ 'hiːlz]	hohe Absätze; hochhackige Schuhe, Stöckelschuhe	**a pair of sandals with high heels**  **a pair of high heels** 

	belly ['beli] *(infml)*	Bauch	**belly** **belly button** (Bauchnabel) 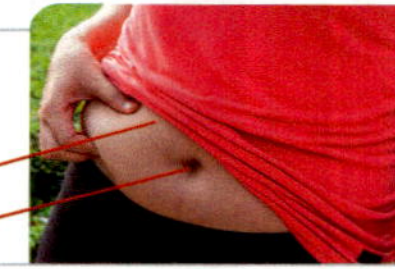
p. 34	(to) **care for** sb. [keə]	sich um jn. kümmern; jn. betreuen	= (to) **take care of** sb. Ⓛ carus, a, um *(lieb, teuer)*
	belief [bɪ'liːf]	Glaube; Überzeugung	verb: (to) **believe** – noun: **belief**
	candy ['kændi] *(AE)*	Süßigkeiten	= *BE* **sweets**
	mattress ['mætrəs]	Matratze	! stress: **<u>ma</u>tress** ['mætrəs] some **mattresses** 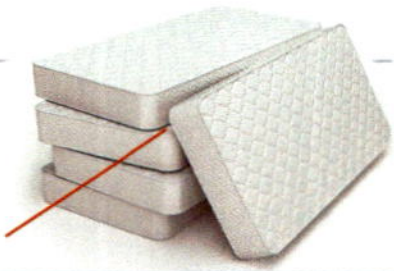
	(to) **reach for** sth.	nach etwas greifen	Remember your manners. Don't just ~ **for** the butter.
	(to) **unwrap** [ʌn'ræp]	auspacken, auswickeln	I just love **~ping** my presents at Christmas.
	(to) **indicate** sth./sb. ['ɪndɪkeɪt] *(fml)*	auf etwas/jn. zeigen, deuten, hinweisen	Pointing to the left, the police officer **~d** the direction we should take. With a small movement of his hand, he **~d** that we should sit down. Ⓕ indiquer Ⓛ indicare
p. 35	(to) **insult** [ɪn'sʌlt]	beleidigen	! verb: (to) **in<u>sult</u>** [ɪn'sʌlt] – noun: **<u>in</u>sult** ['ɪnsʌlt] Ⓕ insulter – l'insulte *(f)* Ⓛ insultare
	smelly ['smeli]	stinkend, übelriechend	verb: (to) **smell** – adj: **smelly**
	growth [grəʊθ]	Vegetation; Wachstum	Millions of insects live in the ~ of the jungle. Too much water will stop the plant's ~. verb: (to) **grow, grew, grown** – noun: **growth**

	(to) **giggle** ['gɪgl]	kichern	The photo of Grandpa as a boy was so funny that we couldn't stop **giggling** (at it).
	shovel ['ʃʌvl]	Schaufel	a **shovel** 
	with a straight face	ohne eine Miene zu verziehen	Dad always tells jokes **with a straight ~**. This makes them even funnier.
	analysis [ə'næləsɪs], *pl* **analyses** [ə'næləsiːz]	Analyse, Auswertung	! stress: **a<u>nal</u>ysis** [ə næləsɪs] (F) l'analyse *(f)*
p. 36	**bread roll** [bred 'rəʊl] (*oft auch kurz:* **roll**)	Brötchen	some German **(bread) ro**… 
	and so on	und so weiter	= etc.
	the Baltic Sea [ˌbɔːltɪk 'siː]	die Ostsee	
p. 37	(to) **lift** [lɪft]	(an-, hoch)heben	I can't ~ this rock. It's too heavy.
	(to) **catch** sb.'s **eye**	Blickkontakt mit jm. herstellen	I tried to ~ **her eye**, but she didn't look at me.
	staff [stɑːf]	Personal; Belegschaft	the people who work at a company/school/shop …
	enthusiastic [ɪnˌθjuːzi'æstɪk]	begeistert	adj: **enthusiastic** – adv: **enthusiastically** [ɪnˌθjuːzi'æstɪkli]
	incredible [ɪn'kredəbl]	unglaublich	I've just read an ~ story about how a fisherman survived after being swallowed by a whale. (L) incredibilis, e

	bank assistant ['bæŋk‿ əˌsɪstənt]	Bankangestellte(r)	
	cyclist ['saɪklɪst]	Radfahrer/in	verb: (to) **cycle** – noun: **cyclist** Ⓕ le/la cycliste
	tap water ['tæp wɔːtə]	Leitungswasser	
	embarrassed [ɪm'bærəst]	verlegen; peinlich berührt	verb: (to) **embarrass** sb. (jn. in Verlegenheit bringen) adj: **1.** sth. is **embarrassing** (peinlich); **2.** sb. is/feels **embarrassed** (verlegen)
p. 38	**violin** [ˌvaɪə'lɪn]	Violine, Geige	! stress: **vio<u>lin</u>** [ˌvaɪə'lɪn]
	narration [nə'reɪʃn]	Schilderung, Erzählung	
	footage ['fʊtɪdʒ]	Bildmaterial, Film(material)	
p. 39	**reflection** [rɪ'flekʃn] (*in BE auch:* **reflexion**)	Betrachtung, Reflexion	! stress: **re<u>flec</u>tion** [rɪ'flekʃn]

Part B

p. 40	**review** [rɪ'vjuː]	Rezension, Besprechung, Kritik	Before I buy a book, I try to read a few **~s** of it.
	(to) **review** [rɪ'vjuː]	besprechen, rezensieren	That new play was **~ed** in the paper this morning.

fictional ['fɪkʃənl]	fiktiv, erfunden	! stress: **fictional** ['fɪkʃənl] (L) fingere, fictum *(sich ausdenken)*
fiction ['fɪkʃn]	Prosaliteratur, Belletristik; Fiktion	Do you only read history and science books? – No, I like ~ too, like the *Harry Potter* series. Don't believe him … everything he says is ~.
just as good/bad/…	genauso gut/schlecht/…	Does margarine really taste **just** ~ good as butter?
misunderstanding [ˌmɪsʌndə'stændɪŋ]	Missverständnis	There was a ~ about my meal. I had ordered chicken but the waiter brought me a hamburger.
(to) **narrate** [nə'reɪt]	schildern, erzählen	The story is **~d** by a teenage girl. (L) narrare verb: (to) **narrate** – noun: **narration**
(to) **bathe** [beɪð] *(bes. AE)*	baden	I ~ once a week but take a shower every day.
ignorant ['ɪgnərənt]	unwissend, nicht informiert, schlecht informiert	He is not stupid, just ~. (L) ignorare *(nicht wissen)*
(to) **put** sth. **off**	etwas aufschieben	We have to do something now. We can't ~ it **off** any longer.
for now	einstweilen, vorerst, fürs Erste	Let's stop **for** ~ and continue at 2 o'clock
(to) **abandon** sb. [ə'bændən]	jn. verlassen, im Stich lassen; aussetzen	I think it's terrible how people ~ dogs on busy roads. (F) abandonner
(to) **breastfeed** ['brestfiːd], **-fed, -fed**	stillen	

eventually [ɪ'ventʃuəli]	schließlich, letzten Endes	We had to wait a long time, but ~ we saw them getting off the train. ! false friends: *English* **eventually** = *German* **schließlich** *English* **perhaps** = *German* **eventuell**
literally ['lɪtərəli]	im wahrsten Sinne des Wortes; buchstäblich	There was so much noise that it was ~ impossible to concentrate. (F) littéralement (L) littera *(Buchstabe)*
(to) **grow** smaller/old/…, **grew, grown**	(allmählich) kleiner/alt/… werden	I love you. I want to ~ old with you.

(to) grow

1. Orange trees don't **grow** in cold countries. — wachsen
   I **grew up** in a small village in Cornwall. — aufwachsen
   She wants to be a doctor when she **grows up**. — erwachsen werden
2. You can't **grow** orange trees in cold countries. — anbauen, anpflanzen
3. The sun went down and it **grew** colder. — (allmählich) werden
   Over time, Alicia **grew closer to** Joanna. — jm. näherkommen

enormous [ɪ'nɔːməs]	riesig, gewaltig, enorm	My uncle lives in an ~ house with six bathrooms. (F) énorme
informative [ɪn'fɔːmətɪv]	informativ, lehrreich	! stress: **in<u>for</u>mative** [ɪn'fɔːmətɪv] (F) informatif, ve (L) informare *(unterrichten)*

strongly ['strɒŋli]	nachdrücklich, entschieden, eindringlich	I'm ~ against the new plan. We appeal ~ to everyone to give us their support.
engaging [ɪn'geɪdʒɪŋ]	fesselnd *(Literatur, Film u.Ä.)*	I found the book so ~ that I read it in one night.
p. 41 (to) **inform** sb. [ɪn'fɔːm]	jn. informieren	(F) informer (I) informare
plot [plɒt]	Handlung(sverlauf) *(eines Films/einer Geschichte)*	the story that a book/film/play tells us
(to) **hint (at** sth.**)** [hɪnt]	(etwas) andeuten, durchblicken lassen	She didn't actually say she wanted more money, but she **~ed at** it. "Oh, it's almost midnight." – "Are you **~ing** that you'd like to go home now?"
(to) **summarize** ['sʌməraɪz]	zusammenfassen	Can you ~ the main points of the book?
summary ['sʌməri]	Zusammenfassung	What's the plot? Can you give me a quick ~? (L) summatim *(der Hauptsache nach)*
(to) **cover** ['kʌvə]	behandeln, abdecken	In history last term, we **~ed** the 18th century. Any more questions? – No, you've **~ed** them all. ! (to) **cover** = **1.** bedecken, zudecken; **2.** behandeln, abdecken (F) couvrir
advanced [əd'vɑːnst]	fortgeschritten; für Fortgeschrittene	Are you attending the beginners' or the ~ course? (F) avancé, e
suitable ['suːtəbl]	geeignet, passend	I don't have any ~ clothes for the job interview.

p. 42	**ladder** ['lædə]	Leiter	a **ladder** 
p. 43	**genre** ['ʒɑːnrə]	Gattung, Genre	(F) le genre (L) genus, eris *n (Gattung, Art)*
	semi- ['semi]	halb-; Halb-	**semi**-professional; **semi**-official; **semi**-circle; **semi**-final
	autobiographical [ˌɔːtəˌbaɪə'græfɪkl]	autobiografisch	
	crime [kraɪm]	Verbrechen; Kriminalität	The worst ~ is murder, I think. (F) le crime In most cities, ~ is a big problem. (L) crimen, inis n **crime fiction** (Kriminalromane)
	(to) **be set in** [set]	spielen in	The film **is** ~ **in** Mexico but filmed in Spain.
	effective [ɪ'fektɪv]	effektiv, wirkungsvoll	! stress: **effective** [ɪ'fektɪv] noun: **effect** ((Aus-)Wirkung) – adj: **effective** (L) efficere *(bewirken)*
	hilarious [hɪ'leəriəs]	urkomisch, unheimlich witzig	It wasn't just funny, it was absolutely ~. (L) hilarus, a, um

moving ['muːvɪŋ]	bewegend	It's a ~ film that will bring tears to your eyes. a **fast-moving** thriller; a **slow-moving** drama (L) movere *(bewegen)*
account [ə'kaʊnt]	Bericht, Schilderung, Darstellung	! **account** = **1.** Konto; **2.** Bericht, Schilderung, Darstellung
emphasis ['emfəsɪs]	Betonung, Hervorhebung	
(to) **emphasize** ['emfəsaɪz]	betonen, hervorheben	Why did you highlight that word? – I wanted to ~ it.
highly ['haɪli]	höchst, äußerst, ausgesprochen	**highly** interesting/recommended/ridiculous/surprising/…; **highly** likely/unlikely
readable ['riːdəbl]	lesenswert, lesbar	
entertaining [ˌentə'teɪnɪŋ]	unterhaltsam, amüsant, kurzweilig	
read [riːd]	Lektüre	Her latest novel is a highly entertaining ~.
enjoyable [ɪn'dʒɔɪəbl]	angenehm, unterhaltsam	verb: (to) **enjoy** – adj: **enjoyable**
lifelike ['laɪflaɪk]	lebensecht, realistisch	a ~ painting/portrait/statue/account/description
gripping ['grɪpɪŋ]	spannend, fesselnd	
meaningful ['miːnɪŋfl]	aussagekräftig	a ~ example/message/statement; ~ statistics
(to) **avoid** sth./doing sth. [ə'vɔɪd]	etwas vermeiden / vermeiden, etwas zu tun	This area is dangerous and should be **~ed**. Keeping active in winter helps you to ~ getting a cold.

Part C

p. 44	**diversity** [daɪ'vɜːsəti]	Vielfalt, Verschiedenartigkeit	Our lively discussion has produced a great ~ of ideas. Ⓕ la diversité Ⓛ diversitas, atis *f*
	display [dɪ'spleɪ]	Ausstellung, Vorführung, Schau	! stress: **dis<u>play</u>** [dɪ'spleɪ] His latest paintings are now **on** ~ in our art gallery. (… sind jetzt ausgestellt …)
	exhibition [ˌeksɪ'bɪʃn]	Ausstellung; Messe	I want to see the *Chagall* ~ at the museum. This new device was presented at last month's technology ~. Ⓕ l'exhibition *(f)* Ⓛ exhibere *(vorführen)*
	harmony ['hɑːməni]	Harmonie, Eintracht	Why can't we live in ~ with nature? ! stress: **<u>har</u>mony** ['hɑːməni] Ⓕ l'harmonie *(f)* Ⓛ harmonia
	(to) **embrace** [ɪm'breɪs]	annehmen, mit offenen Armen begrüßen; (sich) umarmen	For some people it's not easy to ~ new ideas. They said goodbye and ~**d**. Ⓕ s'embrasser
	derogatory [dɪ'rɒgətri] *(fml)*	abfällig, abwertend	I consider that a very ~ comment. Ⓛ derogare *(jm. etwas absprechen)*
	stereotype ['steriətaɪp]	Klischee(vorstellung), Stereotyp	The film's main character doesn't seem real to me. She's just the ~ of a schoolgirl in love. Ⓕ le stéréotype
	(to) **be present** ['preznt]	vorhanden sein; anwesend sein	The 17th century furniture **is** still ~ in this castle. **Was** your dad ~ at your birth? Ⓕ être présent, e Ⓛ praesens

(to) **capture** ['kæptʃə]	(ein)fangen *(auch im übertragenen Sinne)*	The animals were **~d** about 15 km from the zoo. The first sentence of the book immediately **~d** my interest. Ⓛ capere, captum
(to) **paste** [peɪst]	(an)kleben; *(Computer)* einfügen	He was caught **pasting** posters on public buildings.
(to) **install** [ɪn'stɔːl]	installieren, einrichten	Ⓕ installer
(to) **participate (in)** [pɑː'tɪsɪpeɪt]	teilnehmen (an)	*English:* (to) **take part in** sth. **/ participate in** sth. *German:* **an** etwas **teilnehmen** Ⓕ participer Ⓛ participare
p. 45 (to) **take a stand (on** sth.**/ against** sth.**)**	Stellung beziehen (zu etwas); ein Zeichen setzen	I'm **taking a ~ on** pollution by using cotton bags. I think it's important to **take a ~ against** bullying. (= to make it very clear that you are against bullying)
capital ['kæpɪtl]	Hauptstadt	Ⓕ la capitale Ⓛ caput, itis *n*
virtual ['vɜːtʃuəl]	virtuell	! stress: <u>**virtual**</u> ['vɜːtʃuəl] Ⓕ virtuel, le
march [mɑːtʃ]	Marsch, Demonstration	Ⓕ la marche
(to) **project** sth. **(on, onto)** [prə'dʒekt]	etwas projizieren (auf/an)	She's about to **project** something **onto** the classroom wall. ! verb: (to) <u>**project**</u> [prə'dʒekt] – noun: <u>**project**</u> ['prɒdʒekt] Ⓕ projeter Ⓛ proicere *(vorwerfen)*

	conference ['kɒnfrəns]	Konferenz, Kongress	! stress: **<u>con</u>ference** ['kɒnfrəns] (F) la conférence (L) conferre *(zusammentragen)*
	dynamic [daɪ'næmɪk]	dynamisch, aktiv, lebendig	Stephen is a young and ~ manager. (F) dynamique
	eerie ['ɪəri]	unheimlich, gespenstisch	There was an ~ sound coming from the forest.
	sight [saɪt]	Anblick	Look at those mountains! What a ~!
	haunting ['hɔːntɪŋ]	ergreifend, tief bewegend	The best thing about the film was the ~ soundtrack. Refugees often have ~ memories of hunger and war.
	soundtrack ['saʊndtræk]	Filmmusik, Soundtrack; Tonspur	
	surreal [sə'riːəl]	surreal, unwirklich	
	politician [ˌpɒlə'tɪʃn]	Politiker/in	(F) le politicien, la politicienne (L) politicus, a, um *(politisch)*
p. 46	**option** ['ɒpʃn]	Option, (Wahl-)Möglichkeit	You have two **~s**: you can wash the dishes or clean the bathroom. ! stress: **<u>op</u>tion** ['ɒpʃn] (F) l'option *(f)* (L) optio, onis *f (Wunsch, Belieben)*
	definitely ['defɪnətli]	auf jeden Fall; (ganz) bestimmt	We ~ need to do something about global warming. (F) définitivement (L) definire
	by + *-ing* form	indem man/du/…	**By driving** more slowly, you can save petrol . I managed to open the door ~ **using** my credit card.
	exercise *(no pl)* ['eksəsaɪz]	Bewegung, *(körperliches)* Training	! **1. exercise** *(no pl)* = Bewegung – My parents say I need more exercise. **2. exercise(s)** = Übung(en) – (L) exercitium *(milit. Übung)* I couldn't do **exercises** 4 and 5.

petrol ['petrəl] *(BE)* / **gas** [gæs] *(AE)*	Benzin	a **petrol station** *(BE)* / **gas station** *(AE)* 
attractive [ə'træktɪv]	attraktiv, verlockend	I like this idea – it's very ~. (L) attrahere *(anziehen)*
p. 47 **political** [pə'lɪtɪkl]	politisch	noun: **politics** ['pɒlətɪks] – adj: **political** [pə'lɪtɪkl] (=) politique
involvement (in) [ɪn'vɒlvmənt]	Engagement (für); Beteiligung (an)	(L) involvere *(hineinwickeln)*

involvement

involvement	His **involvement** in the peace movement made him famous.	Engagement (für); Beteiligung (an)
(to) **get involved (in)**	At university, she **got involved in** a theatre group.	sich engagieren (für, bei); sich beteiligen (an)
(to) **be involved (in)**	We **have been involved in** our local church for 7 years.	beteiligt sein (an); etwas zu tun haben (mit)

activist ['æktɪvɪst]	Aktivist/in	! stress: **activist** ['æktɪvɪst] (F) l'activiste *(m, f)* (L) agere, actum *(tun, bewegen, handeln)*
campaign [kæm'peɪn]	Kampagne	noun: **a campaign for/against sth.** verb: (to) **campaign for/against sth.** (sich einsetzen, kämpfen für/gegen)

cause [kɔːz]	Anliegen, Sache, Zweck	We're trying to raise money for a good ~. (L) causa ! **cause** = **1.** Ursache; **2.** Anliegen, Sache, Zweck
citizen ['sɪtɪzn]	(Staats-)Bürger/in	Mr Evans has applied to become a German ~. (F) le citoyen, la citoyenne (L) civis, is *m/f*
democracy [dɪ'mɒkrəsi]	Demokratie	! stress: **de<u>mo</u>cracy** [dɪ'mɒkrəsi] (F) la démocratie
initiative [ɪ'nɪʃətɪv]	Initiative, Aktion	! stress: **i<u>ni</u>tiative** [ɪ'nɪʃətɪv] (F) l'initiative *(f)* (L) initium *(Beginn)*
MP [ˌem'piː] **(= Member of Parliament)**	Parlamentsmitglied, Abgeordnete(r)	*in Britain:* **MP** (Member of Parliament) *in Germany:* **MdB** (Mitglied des Deutschen Bundestags)
opinion poll [ə'pɪnjən pəʊl]	Meinungsumfrage	(L) opinio, onis *f (Meinung)*
party ['pɑːti]	Partei	(F) le parti
petition [pə'tɪʃn]	Petition, Eingabe, Unterschriftensammlung	! stress: **pe<u>ti</u>tion** [pə'tɪʃn] (F) la pétition (L) petere *(zu erreichen suchen)*
policy ['pɒləsi]	Politik *(politische Linie)*, Richtlinie(n)	

German "Politik"

1. *(politisches Leben, Geschehen)*	**politics** *(no pl)*	– Are you interested in **politics**?
2. *(politische Linie)*	**policy**	– What is your party's **policy** on education? – What is the company **policy** on working from home?

	pressure group ['preʃə gruːp]	Pressuregroup, Lobby	(L) premere, pressum *(drücken)*
	referendum [ˌrefə'rendəm]	Volksentscheid	
	safety ['seɪfti]	Sicherheit	adj: **safe** – noun: **safety**
	signature ['sɪgnətʃə]	Unterschrift	 signature
	(to) **sign** [saɪn]	unterschreiben	He's **signing** a letter. (F) la signature – signer (L) signare *(versiegeln, mit einem Zeichen versehen)*
	(to) **demand** [dɪ'mɑːnd]	fordern, verlangen	The workers **~ed** more money. (F) demander
	(to) **elect** sb. [ɪ'lekt]	jn. wählen	We're going to ~ a new government in autumn. *English:* She **was elected** president. *German:* Sie **wurde <u>zur</u>** Präsidentin **gewählt.** (L) eligere, electum *(auswählen)*
	(to) **demonstrate (for/against sth.)** ['demənstreɪt]	(für/gegen etwas) demonstrieren	verb: (to) **demonstrate** ['demənstreɪt] – noun: **demonstration** [ˌdemən'streɪʃn] (L) demonstrare *(zeigen)*
p. 50	**slide** [slaɪd]	Dia, Dia-; Folie *(bei Präsentationen mit Computerprogramm)*	
	aspect ['æspekt]	Aspekt	**!** stress: **<u>a</u>spect** ['æspekt]

forward(s) ['fɔːwəd, 'fɔːwədz]	vorwärts, nach vorn, voran	It's time we stopped arguing and tried to move ~. We hope the new president can move the country ~.
infrastructure ['ɪnfrəstrʌktʃə]	Infrastruktur	We need to spend a lot more money on our education ~.
fewer ['fjuːə]	weniger	Only three mistakes? That's ~ than I expected.

German "wenig, weniger, am wenigsten"

1. *mit dem Plural von zählbaren Nomen:*	**a few cars/coins**	**fewer cars/coins**	**the fewest cars/coins**
2. *mit nicht zählbaren Nomen:*	**a little traffic/money**	**less traffic/money**	**the least traffic/money**

low [ləʊ]	niedrig	**low ◄► high**
(to) **synchronize** ['sɪŋkrənaɪz]	synchronisieren, aufeinander abstimmen	Let's ~ our watches. It's 7:18 now. Los Angeles was the first city to use fully **~d** traffic lights (= "Grüne Welle").

Unit 3 How is the world changing?

pp. 52/53	**globe** [gləʊb]	Globus	(F) le globe (L) globus
	technological [ˌteknə'lɒdʒɪkl]	technologisch	noun: **technology** [tek'nɒlədʒi] – adj: **technological** [ˌteknə'lɒdʒɪkl] (F) la technologie – technologique
	progress *(no pl)* ['prəʊgres]	Fortschritt(e)	I've made good ~ since I started learning the piano. (F) le progrès (L) progredi *(voranschreiten)*

delivery [dɪ'lɪvəri]	Lieferung	**Delivery** is free on orders worth ten pounds or more.
(to) **deliver** [dɪ'lɪvə]	liefern, ausliefern	Hungry? We ~ pizzas to your door.
package ['pækɪdʒ]	Paket	
automation [ˌɔːtə'meɪʃn]	Automatisierung	
digital ['dɪdʒɪtl]	digital	! stress: **digital** ['dɪdʒɪtl] Ⓕ digital,e
drone [drəʊn]	Drohne	
robot ['rəʊbɒt]	Roboter	
artificial [ˌɑːtɪ'fɪʃl]	künstlich, Kunst-	**real** ◄► **artificial** ~ **intelligence (AI)** = künstliche Intelligenz Ⓕ artificiel,le Ⓛ artificium *(Kunstwerk)*
bee [biː]	Biene	a **bee** 
(to) **pollinate** ['pɒləneɪt]	bestäuben	Insects that ~ plants include bees and butterflies.
pollen ['pɒlən]	Blütenstaub	He's sneezing because he's allergic to ~. Ⓛ pollen, inis n *(Staubmehl)*
agriculture ['ægrɪkʌltʃə]	Landwirtschaft	Ⓕ l'agriculture *f* Ⓛ agricultura
production [prə'dʌkʃn]	Produktion, Herstellung	verb: (to) **produce** [prə'djuːs] – nouns: **producer** [prə'djuːsə], **product** ['prɒdʌkt], **production** [prə'dʌkʃn] Ⓕ la production Ⓛ producere *(herstellen)*

machine [mə'ʃiːn]	Maschine, Gerät	(L) machina
(to) **replace** sth. **(with)** [rɪ'pleɪs]	etwas ersetzen (durch); austauschen	In this exercise, you have to ~ all the nouns **with** pronouns. (F) remplacer
panel discussion ['pænl dɪˌskʌʃn]	Podiumsdiskussion	

Part A

p. 54 **benefit** ['benɪfɪt]	Vorteil, Nutzen	(F) le bénéfice (L) beneficium *(Wohltat)*
(to) **benefit from** sth. ['benɪfɪt]	von etwas profitieren	Your English will ~ from a year in Britain.
risk [rɪsk]	Risiko	She's much too nervous to take any **~s**. (F) le risque *English:* (to) **take a risk** *German:* **ein Risiko eingehen**
steam [stiːm]	Dampf	
cloth, *pl* **cloths** [klɒθ]	Tuch, Stoff	 a piece of **cloth**  **tablecloth**  **dishcloth**
innovation [ˌɪnə'veɪʃn]	Neuerung, Innovation	**Innovation** is the key to the success of our business. (F) l'innovation *f* (L) innovare *(erneuern)*
nuclear ['njuːkliə]	Kern-, Atom-, Nuklear-	~ **power** = Atomenergie, Kernenergie (F) nucléaire (L) nucleus *(Kern)*

electricity [ɪˌlek'trɪsəti]	Elektrizität, Strom	! stress: **electricity** [ɪˌlek'trɪsəti] (F) électricité *f*
electric [ɪ'lektrɪk]	elektrisch, Elektro-	
vision ['vɪʒn]	Vision; Vorstellung	Is the driverless car just a ~ of the future? ! stress: **vision** ['vɪʒn] (F) la vision (L) videre, visum *(sehen)*
radioactive [ˌreɪdiəʊ'æktɪv]	radioaktiv	! stress: **radioactive** [ˌreɪdiəʊ'æktɪv] (F) radioactif, ve
waste [weɪst]	Abfall	! **waste** = **1.** Verschwendung; verschwenden; **2.** Abfall
(to) **depend on** [dɪ'pend]	angewiesen sein auf; abhängen von	As we live in a village, we ~ **on** the car to get around. We use our bikes sometimes – it **~s on** the weather. (F) dépendre (L) dependere
(to) **control** [kən'trəʊl]	kontrollieren, beherrschen; unter Kontrolle halten/bekommen	The world needs to ~ population growth. He has to learn to ~ his anger better. (F) contrôler
(to) **deal with** sth. [diːl], **dealt, dealt** [delt]	sich mit etwas beschäftigen; von etwas handeln	The film **~s with** the life of John Lennon.
tone [təʊn]	Ton	You could tell he was nervous from the ~ of his voice. (L) tonus
(to) **be concerned about** sb./ sth. [kən'sɜːnd]	um jn./etwas besorgt sein	The villagers **are ~ about** plans to close their local station. We**'re** very ~ **about** Grandma. She's very weak.
p. 55 **for instance** [fər‿'ɪnstəns]	zum Beispiel	= for example

(to) **depict** [dɪ'pɪkt] *(fml)*	darstellen; abbilden	The painting **~s** an 18th century English landscape. (L) depingere
desperate ['despərət]	verzweifelt	The questions were so difficult that I began to feel ~. (F) désespéré,e (L) desperare *(verzweifeln)*
survival [sə'vaɪvl]	Überleben	verb: (to) **survive** – noun: **survival** (F) survivre – la survie
(to) **pose a threat (to)** [ˌpəʊz‿ə 'θret]	eine Bedrohung darstellen (für)	Global warming **~s a threat** to the future of our planet.
(to) **threaten** ['θretn]	drohen; bedrohen	She **~ed** to tell the head teacher what Sue had done. He **~ed** me with a knife and took my mobile.
outweigh [ˌaʊt'weɪ]	überwiegen; schwerer wiegen als	The advantages far ~ the risks. (= … wiegen weitaus schwerer als die Risiken.)
vague [veɪg]	vage, unbestimmt	I have only a ~ idea about how a computer works. (F) vague
conscious ['kɒnʃəs]	bewusst; bei Bewusstsein	The prime minister was ~ of the importance of her decision. (L) conscientia *(Bewusstsein)* ~ **computers** = Computer im Besitz eines Bewusstseins
application [ˌæplɪ'keɪʃn]	Anwendung, Einsatzmöglichkeit; Programm, App	This flexible software has several different **~s**. ! To refer to a program, the word "**app**" is more common than the longer word "**application**".

p. 56	**nature** ['neɪtʃə]	Natur	! *No article:* (to) protect **nature** / (to) live in harmony with **nature** noun: **nature** ['neɪtʃə] – adj: **natural** ['nætʃrəl] (F) la nature – naturel,le (L) natura
	(to) **last** [lɑːst]	(an)dauern; halten	**(to) take – (to) last** **1.** *(Zeit benötigen)* **take** – It usually **takes** 15 minutes to get home, but this evening it **took** (us) an hour. **2.** *(andauern; halten)* **last** – A football match **lasts** 90 minutes. Cheap toys often don't **last** very long.
	strike [straɪk]	Streik	*English:* (to) **go on strike** *German:* **streiken, in den Streik treten** *English:* (to) **be on strike** *German:* **streiken, sich im Streik befinden**
	case [keɪs]	Fall	In **case** of fire do not use elevator!  (L) casus, us *m*
	sequence ['siːkwəns]	Abfolge, Reihenfolge	Police are investigating the ~ of events on the night of the crime. (L) sequentia
	complex ['kɒmpleks]	komplex	a **complex** sentence (= Satzgefüge aus Haupt- und Nebensatz) ! stress: **complex** ['kɒmpleks]

frequency ['fri:kwənsi]	Häufigkeit	Scientists believe that climate change is behind the growing ~ of autumn storms. (F) la fréquence (L) frequentia
manner ['mænə]	Weise; Art und Weise	He was very friendly and spoke to us in a relaxed ~.
p. 57 (to) **manage** sth. ['mænɪdʒ]	etwas handhaben, bedienen; mit etwas umgehen	You need to ~ your money better. ! (to) **manage** sth. = **1.** etwas schaffen; etwas zustande bringen; **2.** etwas handhaben, etwas bedienen
(to) **charge** [tʃɑ:dʒ]	(auf)laden	I can't make any calls right now – I have to ~ my mobile first. (F) charger
(to) **swipe** [swaɪp]	*(am Touchscreen)* wischen, *(mit dem Finger)* streichen/fahren; *(Kreditkarte u.Ä.)* durchziehen	To view the next picture, ~ left. We had to ~ a card at the door to get into our hotel room.
battery ['bætəri]	Batterie, Akku	! stress: **bat**tery ['bætəri] (F) la batterie
button ['bʌtn]	Knopf; Taste	some **buttons** (F) le bouton

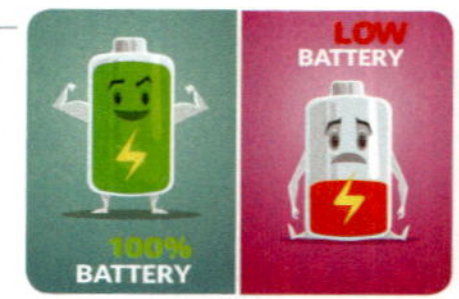

icon ['aɪkən]	Symbol, Icon	some **icons** 
menu ['menjuː]	*(Computer)* Menü	! **menu** = **1.** Speisekarte; **2.** *(Computer)* Menü
search bar ['sɜːtʃ bɑː]	*(Computer)* Suchfeld, Suchleiste	Enter the word or phrase in the **search** ~.
tab [tæb]	Tab, Reiter *(Karteikarte, Browser)*	Click here to open a new ~.
(to) **navigate** ['nævɪgeɪt]	navigieren, steuern	It's an interesting website, but it's difficult to ~. (F) naviguer (L) navigare *(ein Schiff steuern)*
data ['deɪtə]	Daten	! *English:* The **data** **shows** that … / The **data** **was** collected in … *German:* Die **Daten** **zeigen**, dass … / Die **Daten** **wurden** in … gesammelt.
memory ['meməri]	*(Computer)* Speicher	! **memory** = **1.** Erinnerung; Gedächtnis; **2.** *(Computer)* Speicher (F) la mémoire (L) memoria *(Erinnerung)*
(to) **run**	ausführen *(Computerprogramm)*	
(to) **delete** [dɪ'liːt]	löschen; streichen	(to) **delete** a paragraph / a link / a file / a program (L) delere *(zerstören)*
(to) **import** [ɪm'pɔːt]	einführen, importieren	! stress: **im<u>port</u>** [ɪm'pɔːt] (F) importer (L) importare
(to) **export** [ɪk'spɔːt]	ausführen, exportieren	! stress: **ex<u>port</u>** [ɪk'spɔːt] (F) exporter (L) exportare

(to) **browse** [braʊz]	(durch)stöbern; (durch)blättern; browsen, *(im Internet)* surfen	(to) **browse** around a shop/museum (to) **browse** through a magazine/book (to) **browse** the internet/a website
(to) **customize** ['kʌstəmaɪz]	anpassen, individuell einrichten	You can ~ the app by clicking on "Options".
settings *(pl)* ['setɪŋz]	Einstellungen	
attachment [ə'tætʃmənt]	Anhang *(einer E-Mail)*	(to) add/send/download/delete an **attachment**
(to) **block** [blɒk]	blockieren, sperren	(to) **block** emails, (to) **block** someone from texting you, (to) **block** a phone number, (to) **block** unwanted callers
friend request ['frend rɪˌkwest]	Freundschaftsanfrage	When someone accepts your **friend** ~, their name appears in your list of friends.

Part B

p. 58 (to) **buzz off** [ˌbʌz‿'ɒf] *(infml)*	abschwirren, einen Abflug machen	
feature article ['fiːtʃər‿ˌɑːtɪkl]	Sonderbericht, Sonderbeitrag	
trap [træp]	Falle	a **trap** 
(to) **sting** [stɪŋ], **stung, stung** [stʌŋ]	stechen; brennen	Some insects can ~. These eyedrops will ~ a little, but not for long.
harvest ['hɑːvɪst]	Ernte	

crop [krɒp]	(Feld-)Frucht	What kinds of **~s** do you grow on your farm?
factor ['fæktə]	Faktor	
use [juːs]	Gebrauch, Verwendung	! pronunciation: (to) **use** *(verb)* [juːz] **use** *(noun)* [juːs] Ⓛ usus, us *m*
pesticide ['pestɪsaɪd]	Schädlingsbekämpfungsmittel, Pestizid	Ⓕ le pesticide
varied ['veərid]	abwechslungsreich; verschiedenartig, vielfältig	Doctors say it's important to have a ~ diet. Public opinion on the issue was ~.
variety [və'raɪəti]	Vielzahl, Auswahl	Germany is known for the ~ of its bread. Ⓕ la variété Ⓛ varietas, atis *f (Verschiedenheit)*
parasite ['pærəsaɪt]	Parasit	! stress: **parasite** ['pærəsaɪt] Ⓕ le parasite
(to) **weaken** ['wiːkən]	schwächen	adj: **weak** – verb: (to) **weaken**
immune system [ɪ'mjuːn ˌsɪstəm]	Immunsystem	Ⓛ immunis, e *(befreit, verschont)*
(to) **be prone to** sth. [prəʊn]	anfällig sein für etwas; zu etwas neigen	Human beings **are** ~ **to** make mistakes.
hibernation [ˌhaɪbə'neɪʃn]	Winterschlaf	In winter, bears go into ~. Ⓛ hibernare *(überwintern)*
In addition, … [ə'dɪʃn]	Außerdem …	This mobile is very expensive. **In** ~, it's made of plastic and will break easily. Ⓛ addere *(hinzufügen)*

(to) **shrink** [ʃrɪŋk], **shrank** [ʃræŋk], **shrunk** [ʃrʌŋk]	schrumpfen	If you wash this pullover too hot, it will ~. The population of eastern Germany **shrank** from 17 million in 1990 to 14 million in the 2010s.
(to) **compensate** ['kɒmpenseɪt]	kompensieren, ausgleichen; entschädigen	How do vegetarians ~ for not eating meat? The company will ~ customers for poor service. ! stress: **<u>com</u>pensate** ['kɒmpenseɪt] (F) compenser (L) compensare
worrying ['wʌriɪŋ]	beunruhigend	verb: (to) **worry** – adj: **worrying**
(to) **contribute** sth. **(to)** [kən'trɪbjuːt]	etwas beitragen, beisteuern (zu)	He's too shy and doesn't ~ much to class discussions. (F) contribuer (L) contribuere
(to) **lay** [leɪ], **laid, laid** [leɪd]	legen	! (to) **lie, lay, lain** = **liegen** – Our dog is not allowed to **lie** on the sofa. (to) **lay, laid, laid** = **legen** – You can **lay** your jacket on the sofa.
(to) **recover (from)** [rɪ'kʌvə]	sich erholen (von)	It usually takes between 3 and 7 days to ~ from a cold. (L) recuperare *(wiedererlangen)*
(to) **ensure** [ɪn'ʃʊə, ɪn'ʃɔː]	gewährleisten, sicherstellen	= (to) make sure
supply [sə'plaɪ]	Vorrat; Versorgung, Lieferung	We ran out of food **supplies** and had to go hunting. War is making the ~ of food to the population more difficult. (L) supplere *(nachfüllen)*
muesli ['mjuːzli]	Müsli	
p. 59 **logical** ['lɒdʒɪkl]	logisch	**logical ◄► illogical** [ɪ'lɒdʒɪkl] (unlogisch) (F) logique – illogique (L) logicus, a, um

	generation [ˌdʒenəˈreɪʃn]	Erzeugung	Innovation will lead to the ~ of new jobs. ! **generation** = **1.** Generation; **2.** Erzeugung (F) la génération (L) generare *(erzeugen)*
	pilot [ˈpaɪlət]	Pilot/in	! stress / pronunciation: **pilot** [ˈpaɪlət] (F) le/la pilote
p. 60	**overall** [ˌəʊvəˈrɔːl]	Gesamt-; allgemeine(r, s)	What is the ~ cost of buying a house?
	effectiveness [ɪˈfektɪvnəs]	Wirksamkeit, Effektivität	adj: **effective** – noun: **effectiveness** (L) efficere *(etwas bewirken)*
	disappearance [ˌdɪsəˈpɪərəns]	Verschwinden; Aussterben	verb: (to) **disappear** – noun: **disappearance**
	level [ˈlevl]	Grad, Niveau; (Lern-)Stand	Lower speed limits might reduce the ~ of noise. What ~ is this course, beginners' or advanced?
	polar bear [ˈpəʊlə beə]	Eisbär	
	organic [ɔːˈgænɪk]	biodynamisch, Bio-	
p. 61	**economically** [ˌiːkəˈnɒmɪkli]	ökonomisch, sparsam	Farmers are trying to use water more ~.
	wordy [ˈwɜːdi]	langatmig, wortreich	The instructions are so ~ that they're difficult to understand.
	concise [kənˈsaɪs]	knapp, kurz, prägnant	Give a ~ explanation without going into too much detail. (L) concisus, a, um
	impact [ˈɪmpækt]	(Aus-)Wirkung, Effekt	

p. 62	**the public** ['pʌblɪk]	die Öffentlichkeit	The castle is open to the ~.
	viewer ['vjuːə]	Zuschauer/in	

Part C

p. 64	**imagination** [ɪˌmædʒɪ'neɪʃn]	Fantasie, Vorstellung(skraft)	verb: (to) **imagine** – noun: **imagination** (F) imaginer – l'imagination *f* (L) imaginatio, onis *f*
	bankrupt ['bæŋkrʌpt]	bankrott	! stress: **bankrupt** ['bæŋkrʌpt]
	clerk [klɑːk]	(Büro-)Angestellte(r)	
	customer ['kʌstəmə]	Kunde/Kundin	
	alternative [ɔːl'tɜːnətɪv]	Alternative	! stress: **alternative** [ɔːl'tɜːnətɪv] (F) l'alternative *f* (L) alternare *(abwechseln)*
	hypothetical [ˌhaɪpə'θetɪkl]	hypothetisch	a **hypothetical** question
	curve [kɜːv]	Kurve, Bogen	Slow down – there's a ~ in the road. (L) curvus, a, um *(krumm, gebogen)*
	vertical ['vɜːtɪkl]	vertikal, senkrecht	**vertical** ◄► **horizontal** [ˌhɒrɪ'zɒntl] (horizontal, waagerecht)
	civilization [ˌsɪvəlaɪ'zeɪʃn]	Zivilisation	(F) la civilisation (L) civis, is *m/f (Bürger/in, Stadtbewohner/in)*
	smart [smɑːt]	schlau, intelligent	= clever

ratio ['reɪʃiəʊ]	(Größen-, Zahlen-)Verhältnis	The ~ of boys to girls in class 10 is 3 : 4. (L) ratio, onis *f*
band [bænd]	Gruppe, Bande, Gang	A ~ of youths threatened us in the city centre last night.
(to) **rule** [ruːl]	herrschen, beherrschen	
immortality [ˌɪmɔː'tæləti]	Unsterblichkeit, Unvergänglichkeit	**immortality** ◄► **mortality** [ˌmɔː'tæləti] (F) la mortalité – l'immortalité *f* (L) immortalitas, atis *f*
(to) **chew** [tʃuː]	kauen	After going to the dentist's I couldn't ~ for a day.
(to) **put** sth. *(+ Adverb)*	etwas *(auf eine bestimmte Art)* ausdrücken, formulieren	

(to) put sth. politely/simply/… (etwas höflich/einfach/… ausdrücken)

I don't understand. Can you **put it more simply**?	… Kannst du es einfacher ausdrücken?
Let me **put it (in) a different way**: …	Lass es mich anders sagen/formulieren: …
The food was … **how shall I put it?** … a bit disappointing.	Das Essen war … wie soll ich sagen? …
As my brother put it, "You can't have everything."	Wie mein Bruder es ausdrückte, …
I often find it difficult to **put my feelings into words**.	… meine Gefühle in Worte zu fassen.

(to) **accomplish** sth. [ə'kʌmplɪʃ]	etwas erreichen, vollbringen, bewirken	You'll have to work hard to ~ your goals. (F) accomplir

	charming ['tʃɑːmɪŋ]	charmant, bezaubernd	
	(to) **glance (at)** [glɑːns]	einen (kurzen) Blick werfen (auf)	He **~d** shyly **at** the girl, and then looked away again.
p. 65	(to) **straighten** sth. ['streɪtn]	etwas gerade rücken, biegen; etwas strecken, straffen	(to) **straighten** one's body/legs/shoulders (aufrichten / ausstrecken / straffen) (to) **straighten** the chairs (gerade rücken)
	bomb [bɒm]	Bombe	! silent "**b**": **bomb** [bɒm]
	science fiction [ˌsaɪəns 'fɪkʃn]	Sciencefiction	
	cancer ['kænsə]	Krebs *(Krankheit)*	(F) le cancer
	possibly ['pɒsəbli]	möglicherweise, vielleicht	Could you ~ help me with this suitcase? *English:* You **can't possibly** mean that! *German:* Das **kann doch unmöglich** Ihr Ernst sein!
	analogy [ə'nælədʒi]	Analogie, Vergleich	! stress: **analogy** [ə'nælədʒi] (F) l'analogie *f*
	physically ['fɪzɪkli]	physisch, körperlich	Grandpa was ~ weak, but his mind was still active.
	cushion ['kʊʃn]	Kissen	some **cushions** 
	loose [luːs]	lose, locker	She went to the dentist about her ~ tooth.
	privacy ['prɪvəsi]	Privatsphäre	It's important to respect other people's ~. (L) privatus, a, um *(persönlich, nicht öffentlich)*

	romance [rəʊ'mæns]	Romantik, romantische Liebe	
	romantic [rəʊ'mæntɪk]	romantisch; Liebes-	
	(to) **occur to** sb. [ə'kɜː]	jm. einfallen, in den Sinn kommen	The idea **~red to** me in a dream. (L) occurrere
	internal monologue [ɪnˌtɜːnl 'mɒnəlɒg]	innerer Monolog	
	dozen ['dʌzn]	Dutzend	! • two **dozen** eggs (zwei Dutzend Eier) • **dozens** of people *(infml)* (Dutzende von Leuten)
p. 66	**reasonable** ['riːznəbl]	vernünftig, akzeptabel	Most people find it hard to refuse a ~ request. (F) raisonnable
	sincerity [sɪn'serəti]	Ernsthaftigkeit, Aufrichtigkeit	(F) la sincérité
	sincere [sɪn'sɪə]	aufrichtig, ehrlich	It is my ~ hope that we'll reach an agreement. (F) sincerus, a, um
	bright [braɪt]	klug, gescheit, „hell“	! **bright** = **1.** strahlend, leuchtend, hell; **2.** klug, gescheit, „hell“
	beneath [bɪ'niːθ]	unterhalb (von)	= under
p. 67	(to) **hang up** [ˌhæŋ‿'ʌp], **hung up, hung up** [ˌhʌŋ‿'ʌp]	auflegen *(Telefonhörer)*; das Gespräch beenden	It's impolite to ~ **up** without saying goodbye.
	spring [sprɪŋ]	Quelle	! **spring** = **1.** Frühling; **2.** Quelle

	(to) **dial** ['daɪəl]	wählen *(Telefonnummer)*	
	excuse [ɪk'skjuːs]	Ausrede; Entschuldigung	verb: (to) **excuse** [ɪk'skjuːz] – noun: **excuse** [ɪk'skjuːs] (F) excuser – l'excuse *f* (L) excusare *(sich entschuldigen)* – excusatio, onis *f*
	(to) **hesitate** ['hezɪteɪt]	zögern	Don't ~ to get in touch if there is anything I can do. (F) hésiter
	exclusive [ɪk'skluːsɪv]	exklusiv; ausschließlich	Today's paper has an ~ interview with the prime minister. ! stress: **ex<u>clu</u>sive** [ɪk'skluːsɪv] (F) exclusif,ve (L) excludere *(ausschließen)*
	netiquette ['netɪket] *(infml)*	Netzetikette	
p. 68	(to) **predict** [prɪ'dɪkt]	vorhersagen, voraussagen	verb: (to) **predict** – noun: **prediction** (L) praedicere
	similarly ['sɪmələli]	auf ähnliche Weise, ebenso	You can use either app. They both work ~. adj: **similar** – adv: **similarly** (L) similis, e *(ähnlich)*
	direction [də'rekʃn]	Richtung	That's the wrong way. Let's go in the opposite ~. (L) direction, onis *f*
	(to) **complain** [kəm'pleɪn]	sich beschweren, sich beklagen	There is a disco right next to the hotel, and a lot of guests ~ about the noise. (F) se plaindre
p. 69	**the gist** *(no pl)* [dʒɪst]	das Wesentliche; die Kernaussage(n)	He spoke so quickly that it was hard to get **the** ~ of what he was saying.

inference ['ɪnfərəns]	(Schluss-)Folgerung	Our data allows us to make a number of ~s. (L) inferre *(folgern, schließen)*
(to) **infer** sth. **(from)** [ɪn'fɜː]	etwas folgern, schließen (aus)	We could ~ **from** his tone of voice that he didn't like the idea.
(to) **be likely to do** sth. ['laɪkli]	wahrscheinlich etwas tun (werden)	I would take an umbrella. It**'s** ~ **to** rain at this time of the year.
explicitly [ɪk'splɪsɪtli]	ausdrücklich, explizit	(L) explicatus *(deutlich, klar)*

explicit *(adj)* – **explicitly** *(adv)*

It was her **explicit wish** never to marry.	**ausdrücklicher Wunsch**
We got **explicit instructions** on how to cook the meal.	**explizite Anweisungen**
She didn't say so **explicitly**.	Sie hat es nicht **ausdrücklich/explizit** gesagt.
He **explicitly** pointed out that photography was not allowed.	Er hat **ausdrücklich** darauf hingewiesen, dass …

(to) **trust** [trʌst]	trauen, vertrauen	She's a friend of mine. You can ~ her.
admiration [ˌædmə'reɪʃn]	Bewunderung	I'd like to express my ~ for all your achievements. (F) l'admiration *f* (L) admiratio, onis *f*
(to) **admire** [əd'maɪə]	bewundern	She's a great artist. I ~ her paintings and sculptures. (F) admirer (L) admirari
disrespect [ˌdɪsrɪ'spekt]	Respektlosigkeit, Missachtung	Is arriving late for class a sign of ~? **respect** ◄► **disrespect**

	affection [ə'fekʃn]	Zuneigung	The members of the club have great ~ for its traditions. (F) l'affection *f* (L) affectio, onis *f*
p. 70	(to) **chair** [tʃeə]	den Vorsitz führen, innehaben	Who's going to ~ our team meeting today?
	moderator ['mɒdəreɪtə]	Moderator/in	! stress: **moderator** ['mɒdəreɪtə]
	controversial [ˌkɒntrə'vɜːʃl]	kontrovers, umstritten	! stress: **controversial** [ˌkɒntrə'vɜːʃl]
	(to) **research** [rɪ'sɜːtʃ]	recherchieren	verb: (to) **research** [rɪ'sɜːtʃ] – noun: **research** ['riːsɜːtʃ, rɪ'sɜːtʃ]
	(to) **ban** sth. [bæn]	verbieten; für unzulässig erklären	Eating in class is **~ned** at my school. You can only eat in the break.
	(to) **concern** sb. [kən'sɜːn]	jn. betreffen, angehen; jn. beunruhigen	Climate change is an issue that **~s** all of us. Her father's health **~s** her a lot.
	(to) **take sides**	Partei ergreifen	As a moderator, you shouldn't ~ **sides** in a discussion.
	firmly ['fɜːmli]	bestimmt, entschieden, nachdrücklich	"I'm not going to accept that," she said ~.
	thorough ['θʌrə]	gründlich, sorgfältig	• adj: **thorough** – We were give a **thorough** lesson in how to use the new equipment. • adv: **thoroughly** – You should wash fruit **thoroughly** before eating it.
	counter-argument ['kaʊntər‿ˌɑːgjumənt]	Gegenargument	

English sounds

[iː]	green, he, sea
[i]	happy, monkey
[ɪ]	big, in, expensive
[e]	red, yes, again, breakfast
[æ]	cat, animal, apple, black
[ɑː]	class, ask, car, park
[ɒ]	song, on, dog, what
[ɔː]	door, or, ball, four, morning
[uː]	blue, ruler, too, two, you
[ʊ]	book, good, pullover
[ʌ]	mum, bus, colour
[ɜː]	girl, early, her, work, T-shirt
[ə]	a partner, again, today
[eɪ]	name, eight, play, great
[aɪ]	time, right, my, I
[ɔɪ]	boy, toilet, noise
[əʊ]	old, no, road, yellow
[aʊ]	town, now, house
[ɪə]	here, year, idea
[eə]	where, pair, share, their
[ʊə]	tour

[b]	boat, table, verb
[p]	pool, paper, shop
[d]	dad, window, good
[t]	ten, letter, at
[g]	good, again, bag
[k]	cat, kitchen, back
[m]	mum, man, remember
[n]	no, one, ten
[ŋ]	song, young, uncle, thanks
[l]	hello, like, old, small
[r]	red, ruler, friend, sorry
[w]	we, where, one
[j]	you, yes, uniform
[f]	family, after, laugh
[v]	river, very, seven, have
[s]	sister, poster, yes
[z]	please, zoo, quiz, his, music
[ʃ]	shop, station, English
[ʒ]	television, usually
[tʃ]	teacher, child, watch
[dʒ]	Germany, job, project, orange
[θ]	thanks, three, bathroom
[ð]	the, this, father, with
[h]	here, who, behind

The English alphabet

a	[eɪ]	n	[en]
b	[biː]	o	[əʊ]
c	[siː]	p	[piː]
d	[diː]	q	[kjuː]
e	[iː]	r	[ɑː]
f	[ef]	s	[es]
g	[dʒiː]	t	[tiː]
h	[eɪtʃ]	u	[juː]
i	[aɪ]	v	[viː]
j	[dʒeɪ]	w	[ˈdʌbljuː]
k	[keɪ]	x	[eks]
l	[el]	y	[waɪ]
m	[em]	z	[zed]

Irregular verbs

infinitive	simple past	past participle	
(to) **be**	**was; were**	**been**	sein
(to) **beat**	**beat**	**beaten**	schlagen; besiegen
(to) **become**	**became**	**become**	werden
(to) **begin**	**began**	**begun**	beginnen, anfangen
(to) **bend**	**bent**	**bent**	sich bücken, sich beugen
(to) **bite** [aɪ]	**bit** [ɪ]	**bitten** [ɪ]	beißen
(to) **blow sth. out**	**blew**	**blown**	etwas auspusten, ausblasen
(to) **break** [eɪ]	**broke**	**broken**	brechen; zerbrechen
(to) **bring**	**brought**	**brought**	(mit-, her)bringen
(to) **build**	**built**	**built**	bauen
(to) **burst**	**burst**	**burst**	platzen
(to) **buy**	**bought**	**bought**	kaufen
(to) **catch**	**caught**	**caught**	fangen
(to) **choose** [uː]	**chose** [əʊ]	**chosen** [əʊ]	aussuchen, (aus)wählen; sich aussuchen
(to) **come**	**came**	**come**	kommen
(to) **cost**	**cost**	**cost**	kosten

(to) **cut**	**cut**	**cut**	schneiden
(to) **deal with** [iː]	**dealt** [e]	**dealt** [e]	sich beschäftigen mit; handeln von
(to) **dig**	**dug**	**dug**	graben
(to) **do**	**did**	**done** [ʌ]	tun, machen
(to) **draw**	**drew**	**drawn**	zeichnen
(to) **drive** [aɪ]	**drove** [əʊ]	**driven** [ɪ]	(mit dem Auto) fahren
(to) **drink**	**drank**	**drunk**	trinken
(to) **eat**	**ate** [et, eɪt]	**eaten**	essen
(to) **fall**	**fell**	**fallen**	fallen, stürzen; hinfallen
(to) **feed**	**fed**	**fed**	füttern
(to) **feel**	**felt**	**felt**	fühlen; sich fühlen
(to) **fight**	**fought**	**fought**	(be)kämpfen
(to) **find**	**found**	**found**	finden
(to) **fly**	**flew**	**flown**	fliegen
(to) **forget**	**forgot**	**forgotten**	vergessen
(to) **freeze**	**froze**	**frozen**	(ge)frieren; zufrieren; einfrieren
(to) **get**	**got**	**got**	bekommen; holen; werden; gelangen

infinitive	simple past	past participle	
(to) **give**	**gave**	**given**	geben
(to) **go**	**went**	**gone** [ɒ]	gehen
(to) **grow**	**grew**	**grown**	wachsen; anbauen, anpflanzen; werden
(to) **hang**	**hung**	**hung**	hängen
(to) **have**	**had**	**had**	haben
(to) **hear** [ɪə]	**heard** [ɜː]	**heard** [ɜː]	hören
(to) **hide** [aɪ]	**hid** [ɪ]	**hidden** [ɪ]	verstecken; sich verstecken
(to) **hit**	**hit**	**hit**	schlagen
(to) **hold**	**held**	**held**	halten
(to) **hurt**	**hurt**	**hurt**	schmerzen, wehtun; verletzen
(to) **keep**	**kept**	**kept**	behalten; aufheben, aufsparen; aufbewahren
(to) **kneel** [niːl]	**knelt** [nelt]	**knelt** [nelt]	knien
(to) **know** [nəʊ]	**knew** [njuː]	**known** [nəʊn]	wissen; kennen
(to) **lay**	**laid**	**laid**	legen
(to) **lead** [iː]	**led**	**led**	führen, leiten
(to) **leave** [iː]	**left**	**left**	(weg)gehen; abfahren; (zurück)lassen; verlassen
(to) **lend sb. sth.**	**lent**	**lent**	jm. etwas leihen

(to) **let**	**let**	**let**	lassen
(to) **lie**	**lay**	**lain**	liegen
(to) **light** [aɪ]	**lit** [ɪ]	**lit** [ɪ]	anzünden
(to) **lose** [uː]	**lost** [ɒ]	**lost** [ɒ]	verlieren
(to) **make**	**made**	**made**	machen; herstellen
(to) **mean** [iː]	**meant** [e]	**meant** [e]	bedeuten; meinen
(to) **meet** [iː]	**met** [e]	**met**	treffen; sich treffen; kennenlernen
(to) **pay**	**paid**	**paid**	bezahlen
(to) **put**	**put**	**put**	(etwas wohin) tun, legen, stellen
(to) **read** [iː]	**read** [e]	**read** [e]	lesen
(to) **ride** [aɪ]	**rode**	**ridden** [ɪ]	reiten; (Rad) fahren
(to) **ring**	**rang**	**rung**	klingeln, läuten
(to) **rise** [aɪ]	**rose**	**risen** [ɪ]	(an-, auf)steigen
(to) **run**	**ran**	**run**	rennen, laufen
(to) **say** [eɪ]	**said** [e]	**said** [e]	sagen
(to) **see**	**saw**	**seen**	sehen

infinitive	simple past	past participle	
(to) **sell**	**sold**	**sold**	verkaufen
(to) **send**	**sent**	**sent**	schicken, senden
(to) **set sth. up**	**set**	**set**	etwas errichten, aufbauen; etwas arrangieren
(to) **sew** [əʊ]	**sewed** [əʊ]	**sewn** [əʊ]	nähen
(to) **shake**	**shook**	**shaken**	schütteln; zittern
(to) **shine**	**shone** [*BE:* ɒ, *AE:* əʊ]	**shone** [ɒ, əʊ]	scheinen *(Sonne)*
(to) **shoot** [uː]	**shot** [ɒ]	**shot** [ɒ]	schießen; erschießen
(to) **shrink**	**shrank**	**shrunk**	schrumpfen
(to) **sing**	**sang**	**sung**	singen
(to) **sink**	**sank**	**sunk**	sinken
(to) **sit**	**sat**	**sat**	sitzen; sich setzen
(to) **sleep**	**slept**	**slept**	schlafen
(to) **speak** [iː]	**spoke**	**spoken**	sprechen
(to) **spend**	**spent**	**spent**	*(Zeit)* verbringen; *(Geld)* ausgeben
(to) **spin around**	**spun**	**spun**	sich (im Kreis) drehen; herumwirbeln
(to) **spread** [e]	**spread** [e]	**spread** [e]	ausbreiten, verbreiten; sich ausbreiten, verbreiten
(to) **stand**	**stood**	**stood**	stehen; sich (hin)stellen

(to) **steal**	**stole**	**stolen**	stehlen
(to) **stick**	**stuck**	**stuck**	stechen, stecken
(to) **sting**	**stung**	**stung**	stechen; brennen
(to) **swim**	**swam**	**swum**	schwimmen
(to) **take**	**took**	**taken**	(mit)nehmen; (weg-, hin)bringen; dauern
(to) **teach**	**taught**	**taught**	unterrichten, lehren
(to) **tear** [teə]	**tore**	**torn**	reißen, zerreißen
(to) **tell**	**told**	**told**	erzählen, berichten
(to) **think**	**thought**	**thought**	denken, glauben
(to) **throw**	**threw**	**thrown**	werfen
(to) **tread** [e]	**trod**	**trodden**	treten
(to) **understand**	**understood**	**understood**	verstehen
(to) **wake up**	**woke up**	**woken up**	aufwachen; (auf)wecken
(to) **wear** [eə]	**wore** [ɔː]	**worn** [ɔː]	tragen *(Kleidung)*
(to) **win**	**won** [ʌ]	**won** [ʌ]	gewinnen
(to) **write**	**wrote**	**written**	schreiben

English G Access uses the same special vocabulary *('Operatoren')* that is used in standard tests.
Make sure you understand what you need to do when you read one of the verbs below.

The task says	German	Example
ANFORDERUNGSBEREICH I (Comprehension)		
Complete/Finish sth.	Vervollständige etwas.	*Use the words in brackets to complete the sentences.* *Finish three sentences in a different way.*
Describe sth.	Beschreibe etwas.	*Describe the atmosphere in the park.*
Imagine.	Stelle dir vor.	*Imagine you live in New York.*
List things.	Liste/ Führe Sachen auf.	*List the reasons the two writers give.*
Look sth. up.	Schlage etwas nach.	*Look up the words in a dictionary.*
Make notes (on/about sth.).	Mach (dir) Notizen (über/zu etwas). *(zur Vorbereitung)*	*Make notes on what you see in the photos.*
Match sth.	Ordne etwas zu.	*Match the definitions to the pictures.*
Outline sth.	Skizziere etwas.	*Outline the author's main ideas.*
Scan a text (for sth.).	Suche einen Text (nach etwas) ab.	*Scan the article for these numbers.*
Skim a text.	Überfliege einen Text. *(um den Inhalt grob zu erfassen)*	*Go to page 177. Skim the three texts there and decide which one you should read.*
Structure sth.	Strukturiere etwas.	*Structure the vocabulary in the box.*
Summarize (sth.) / Sum (sth.) up.	Fass (etwas) zusammen.	*Sum up / Summarize the main points of your presentation.*
Take notes (on/about sth.).	Mach (dir) Notizen (über/zu etwas). *(beim Lesen oder Zuhören)*	*Listen to the woman and take notes on what she tells you.*

Work sth. out.	Finde etwas heraus.	*In each situation, there is something you can't hear. Work out from the context what it is.*
Write (+ *text type*).	Schreibe *(+ Texttyp)*.	*Choose five words from box 1 and write sentences with them.*
ANFORDERUNGSBEREICH I/II (Comprehension/Analysis)		
Present sth.	Stelle etwas vor.	*Discuss your ideas and present them to the class.*
Report sth. (to sb.).	Berichte (jm.) (von) etwas.	*Report your ideas to the class.*
ANFORDERUNGSBEREICH II (Analysis)		
Check sth.	Prüfe etwas.	*Check that you have all the special vocabulary you need.*
Compare two things.	Vergleiche zwei Sachen.	*Compare your tables and correct them if necessary.*
Decide.	Entscheide dich.	*Decide if the people in the dialogues speak British or American English.*
Explain sth.	Erkläre etwas.	*Explain what decision she has made and why.*
Give reasons for sth.	Begründe etwas.	*Give reasons for your answer.*
ANFORDERUNGSBEREICH III (Discussion and comment)		
Agree on sth.	Einigt euch auf etwas.	*Use a placemat to agree on five places to visit.*
Assess sth.	Beurteile etwas.	*Use the feedback sheet to assess each other's report.*
Comment on sth.	Kommentiere etwas.	*Comment on what went wrong.*
Discuss sth.	Diskutiert über etwas. / Besprecht etwas.	*Discuss your alternative titles and choose the best one.*
Give (sb.) feedback.	*Gib (jm.) Feedback/Rückmeldung.*	*Take notes on your partner's talk and give them feedback.*
Share sth. (with sb.).	*Teile etwas (mit jm.).*	*Share your ideas and give each other feedback.*

Titelbild

Glow Images (Road passing through fields, Montana, USA)
Shutterstock/lzf (Young Asian woman walking on city street)

Bildquellen

Shutterstock: **S. 2** u. 4, 2. v. ob.: ostill; **S. 4** ob.: Daniel M Ernst; **S. 4**, 3. v. ob: DiversityStudio; **S. 4**, 4. v. ob. li.: George Rudy; **S. 4**, 4. v. ob.re.: michaeljung; **S. 5** li.: JPC-PROD; **S.** 5 Mitte: Odua; **S. 5** re.: Aila Images; **S. 7**: Maksym Bondarchuk; **S. 10** li.: Collins93; **S. 10** re.: Alan Tunnicliffe; **S. 19** ob.:Phonlamai Photo; **S. 20** ob.: A_Lesik; **S. 20** un.: Laura Gangi Pond; **S. 21** ob.: deepspace; **S. 21** un.: Christopher Elwell; **S. 22** un.: wxin; **S. 24** li.: carlosdelacalle; **S. 24** re.: jprom; **S. 25** un.: studiovin; **S. 26** ob.: Dario Lo Presti; **S. 26** un.: SnelsonStock; **S. 27** ob.li.: Sunflowerr; **S. 27** ob. Mitte: Pause08; **S. 27** ob.re.: 3drenderings; **S. 27**, 2. v. un. li.: GDM; **S. 27**, 2.v.un. Mitte: Richard Peterson; **S. 27**, 2.v.un. re.: frantic00; **S. 27** un.li.: Studio KIWI; **S. 27** un.re.: GG Studios Austria; **S. 28** ob.: Kittisak Jirasittichai; **S. 28** un.: Maxx-Studio; **S. 29** ob.: Vadym Zaitsev; S.**29** un.: MichaelJayBerlin; **S. 30**: Yuri Samsonov; **S. 32**: sripfoto; **S. 34**: Ewais; **S. 37**: racorn; **S. 39**: Gary James Calder; **S. 41**: Julia Tim; **S. 43**: Daniel Prudek; **S. 44**: li.aopsan; **S. 44** Mitte: urfin; **S. 44** re.: Pumbastyle; **S. 47**: KITTKAVIN_KAOIEN; **S. 48** ob.: Pretty Vectors; **S. 48** un. li.: Alex Leo; **S. 48** Mitte: USBFCO; **S. 48** un. re.: foxie; **S. 49** li.: notbad; **S. 49** Mitte: notbad; **S. 49** re.: notbad; **S. 50**: solar22; **S. 53**: Gecko1968; **S. 56**: Africa Studio; **S. 58**: Amarita.

English G Access · Band 6
Vokabeltaschenbuch

Im Auftrag des Verlages herausgegeben von
Prof. Jörg Rademacher, Mannheim

Erarbeitet von
Uwe Tröger, Hannover

Layout und technische Umsetzung
Eric Gira, Ungermeyer, Berlin

Umschlaggestaltung
kleiner & bold, Berlin
hawemannundmosch, Berlin
klein & halm, Berlin

www.cornelsen.de
www.englishg.de/access

1. Auflage, 1. Druck 2018

Alle Drucke dieser Auflage sind inhaltlich unverändert und können im Unterricht nebeneinander verwendet werden.

Druck: H. Heenemann, Berlin

ISBN 978-3-06-032380-7

PEFC
PEFC/04-31-1156

PEFC zertifiziert
Dieses Produkt stammt aus nachhaltig bewirtschafteten Wäldern und kontrollierten Quellen.

www.pefc.de